政治哲學

Political Philosophy: A Very Short Introduction

U0118379

Political Philosophy: A Very Short Introduction

政治哲學

戴維·米勒(David Miller)著

李里峰 譯

OXFORD
UNIVERSITY PRESS

OXFORD
UNIVERSITY PRESS

Oxford University Press is a department of the University of Oxford.
It furthers the University's objective of excellence in research, scholarship,
and education by publishing worldwide. Oxford is a registered trade mark of
Oxford University Press in the UK and in certain other countries

Published in Hong Kong by
Oxford University Press (China) Limited
39th Floor, One Kowloon, 1 Wang Yuen Street, Kowloon Bay, Hong Kong

政治哲學

戴維・米勒（David Miller）著

李里峰 譯

ISBN: 978-0-19-083228-5

3 5 7 9 10 8 6 4 2

目 錄

vii　　前言

1　　第一章

　　　我們為何需要政治哲學

23　　第二章

　　　政治權威

45　　第三章

　　　民主

67　　第四章

　　　自由與政府的限度

91　　第五章

　　　正義

113　　第六章

　　　女性主義與文化多元主義

137　　第七章

　　　民族、國家與全球正義

161　　推薦閱讀書目

169　　重要詞語對照表

前言

　　我想通過這本書，讓從未接觸過政治哲學的人，對政治哲學有興趣，並能讀得懂它。所以在準確的前提下，盡可能寫得簡潔易明。解釋那些非常抽象的概念而不致陷入專門的圈內術語 —— 如今這樣的語言論述使那麼多的學術著作變得索然無味 —— 可見這是一項有趣的挑戰。我非常感激來自各個學科的朋友，他們閱讀了本書初稿，鼓勵我和提出許多有益的建議，感謝：Graham Anderson, George Brown, Sue Miller, Elaine Poole, Adam Swift，以及牛津大學出版社的兩位審稿人。我還要感謝Zofia Stemplowska在本書定稿時很有價值的幫助。

第一章
我們為何需要政治哲學

　　這是一本關於大主題的小冊子。眾所周知，一張圖畫抵得上千言萬語，因此我想從談論一幅巨型圖畫開始，它能幫助我們弄清政治哲學是怎麼回事。要討論的這幅畫是由安布羅焦·洛倫澤蒂[1] 在1337至1339年間創作的，它覆蓋了錫耶納市共和宮帕切廳[2] 的三面牆壁。這幅畫通常被稱為《好政府和壞政府的寓言》，洛倫澤蒂的壁畫首先是通過代表了統治者應該有和不應該有的品質的人物形象，描述好政府和壞政府的本質；然後再展現出兩種政府對普通百姓生活的影響。在好政府的例子中，我們看到威嚴的統治者穿着華麗的長袍，端坐在自己的寶座上，眾人圍坐在他的身邊，象徵着勇氣、正義、寬厚、平和、審慎、節制等美德。他的下方站着一列被長繩纏繞的公民，繩子兩端繫在統治者的手腕上，

1　洛倫澤蒂（Ambrogio Lorenzetti 1285–1348），意大利畫家，文藝復興時期錫耶納畫派的主要代表。——本書注釋均為譯者所加，以下不再一一注明

2　錫耶納Siena，意大利城市，位於佛羅倫薩以南約七十公里。共和宮，一譯「市政廳」，現為市博物館，存有錫耶納畫派的許多繪畫作品。帕切廳，直譯應為「九人廳」，詳見後文。

象徵着統治者與人民之間的和諧聯結。我們轉向右邊，就能見到洛倫澤蒂所描繪的好政府先是對城市、繼而對鄉村的影響。城市井然有序，富庶繁榮：我們看到工匠在勤勞地操練手藝，商人在買賣貨物，貴族騎着裝飾花哨的馬匹；有個地方，一群跳舞的人手拉手圍成一圈。城門外，一位穿着考究的女士騎馬出獵，途中遇到一頭滾圓的白條豬正被趕往市場；在鄉村，農民們耕種土地，收穫莊稼。假如粗心的觀察者沒能抓住壁畫傳達的信息，這些信息也清楚地寫在象徵安全的一位長有雙翼者手中高舉的旗幟上：

> 只要共同體繼續維護這位女士的權威，人人都將無所畏懼地自由旅行、耕地、播種，因為她剝奪了邪惡者的一切權力。

另一面的壁畫代表了邪惡的政府，它保存得沒有那麼完好，但傳達的信息同樣一目了然：被貪婪、殘酷、傲慢等罪惡所環繞的惡魔般的統治者，軍事佔領下的城市，以及被可怕的軍隊摧毀的荒蕪的鄉村。在這裏，恐懼之神所舉的旗幟上寫着：

> 在這座城市，正義屈服於暴政，因為人人都只顧追逐自己的利益。沒有人能沿着這條路走下去而不為自己的生命擔憂，因為城門內外都有搶劫發生。

要想懂得什麼是政治哲學以及我們為何需要它，看看洛倫澤蒂的恢弘壁畫是再好不過的方法了。我們可以將政治哲學定義為對好政府與壞政府的性質、起因和結果的研究，我們的圖畫不僅概括了這一探求，而且以引人注目的視覺形式表達了這門學科最核心的三個理念。一是好政府和壞政府深刻地影響着人類生活的質量。洛倫澤蒂向我們展示了正義和其他美德的統治如何任由普通人民去工作、貿易、打獵、跳舞，簡言之，夫做一切使人類生存更加豐富多彩的事情；而這幅畫的另一面，則展示了暴政如何孕育貧窮和死亡。所以這是首要的理念：被統治得好還是壞，這對我們的生活的確非常重要。我們不能脫離政治、退隱到私人生活中去，也無法想像自己被統治的方式不會對我們的個人幸福產生巨大影響。

　　第二個理念是，政府採取的形式不是預先確定的：我們可以作出選擇。這幅壁畫究竟為何出現在這裏呢？它被畫在「九人廳」——九人執政會的議政室裏，這是一個由九位富有商人輪流執掌的議政機構，在14世紀上半葉統治着這座城市。[3] 因此，這幅畫的功能不僅在於提醒這些執政者牢記他們對錫耶納人民的責任，也是對該地建立起共和統治形式的一種慶祝，當時許多意大利城市正處於嚴重的政治騷亂之中。對壞政府的描繪政治也不僅是一部學究氣的影射作品：它還警告人們，如果城市的統治者不能履行對人民的責任，或者人民不能履行

3　九人執政會，1287至1355年錫耶納市的執政機構。

圖1　安布羅焦‧洛倫澤蒂《好政府和壞政府的寓言》中有德行的統治者
Photo © Archivio Iconografico S.A./Corbis

他們監督自己的代表的職責，將會發生何種情形。

第三個理念是，我們能夠知道好政府與壞政府的區別何在：我們可以探究不同政府形式的後果，可以瞭解哪些品質有助於構成最好的政府形式。換言之，有這樣一種叫做政治知識的東西存在着。洛倫澤蒂的壁畫承載着這一理念的所有外在印記。我們已經看到，有德行的統治者被象徵各種品質的人物所環繞；根據當時的政治哲學觀念，這些品質代表了好政府的特徵。壁畫旨在予人以啟迪：它們想要同時教會統治者和公民實現自己想要的那種生活。正如洛倫澤蒂所堅信的，這預示着我們能夠知曉如何做到這一點。

然而，我們該不該相信壁畫中的信息呢？它們含蓄提出的那些主張確實是可靠的嗎？我們擁有哪一種政府這一點對我們的生活真的那麼重要嗎？在這方面我們有選擇嗎，抑或我們對諸如政府形式之類的事情根本無法控制？我們能否知道是什麼使一種政府形式比另一種更好？這些都是政治哲學家們提出的一些重要問題，此外還有許多更小的問題。但在試圖回答這些問題之前，我還得多解釋幾句。

我在這裏所說的政府，是指比「當下的政府」——任何社會中某一特定時刻擁有權力的一群人——寬泛得多的東西。實際上，我指的是比國家——權威所賴以行使的政治機構，諸如部長內閣、議會、法院、警察、武裝部隊，等等——還要寬泛的東西。我指的是引導我

們共同生活於社會之中的規則、實踐和制度的整體。我們或許會認為以下這些是理所當然的：人類需要相互合作，需要知道誰能和誰一起做些什麼，誰擁有物質世界的哪些部分，如果有人破壞規則將會發生什麼，如此等等。但我們不能想當然地認為人類必須有一個國家來解決這些問題。我們將在下一章看到，政治哲學面臨的一個中心問題就是我們為什麼首先要有一個國家，或者更籠統地說，為什麼需要政治權威。我們需要和無政府主義者論戰，他們認為沒有國家，社會也能很好地管理自己。所以我想暫時讓它成為一個開放性的議題：「好政府」究竟是否要求有一個國家，或者說習慣意義上的政府。另一個在本書最後一章之前也將懸而未決的問題是，應該只有一個政府還是有許多政府，即整個人類共用一種單一的制度形式，還是不同的民族採取不同制度？

在創作這幅壁畫時，洛倫澤蒂首先是依據兩類統治者的人性品質及其對屬民生活的影響，來表現好政府和壞政府。考慮到壁畫這一介質的信息傳遞方式，這一點也許難以避免，但它無論如何是完全符合那個時代的觀念的。好政府不僅與政府體制本身有關，也取決於那些統治者的性格特徵——比如審慎、勇氣、慷慨，等等。當然在體制方面還存有爭議：比如君主制是否比共和制政府更加可取，抑或正好相反。如今關注的重點已經發生了變化：我們對好政府的制度方面思考得更多，而對使制度得以運行的人們的個人品質思考得更少了。也許

有人會說我們已經沿着這條路走得太遠了，但我仍將採納現代主流視角，在隨後的章節裏主要談論作為一種制度的好政府，而不是怎樣使我們的統治者更具美德。

現在讓我們回到這幅巨畫背後的理念。三大理念中最沒有爭議的一個，是政府深刻影響着我們生活的質量。如果有讀者沒能立刻認識到這一點，那也許是因為他或她生活在年復一年無甚變化的政府形式之下。選舉的時候一個政黨代替另一個政黨，可對大多數人的生活來說，這種轉換只會產生極小的影響(儘管政治家們喜歡假裝不是這樣)。但是，想想在上個世紀興起和衰落的那些政權吧：想想德國的納粹政權和被它殺害的六百萬猶太人，或者想一下毛時代中國以及所謂的「大躍進」引發的飢荒造成的兩千萬人甚至更多的人死亡。同時，在其他國家，全體人民的生活水平空前提高。而與此同時，在另一些國家，所有人都看到自己的生活水平以空前的速度提高着。20世紀的歷史，幾乎是精確地複製了洛倫澤蒂壁畫中那種涇渭分明的對比。

但在這一點上，我們必須考慮到三大理念中的第二個。即使不同的政府形式曾經是、現在仍然是造成繁榮或貧困、生存或死亡的直接原因，我們究竟能在多大程度上影響統治着我們的政體呢？抑或它們只是鏈條上的一環，其自身也受控於我們無法左右的更深層的原因？如果這樣的話，政治哲學還有什麼意義，何人宣稱的宗旨能幫助我們選擇最好的政府形式？

認為我們無法作出真正的政治選擇的宿命論觀點，曾以不同的形式出現在不同的歷史時期。在洛倫澤蒂創作他的壁畫的時代，許多人相信歷史運動是循環的：好政府雖無法容忍卻又不可避免會隨着時間流逝而滋生腐敗、墮落為暴政，此後只有通過緩慢的進程，才能回復到它的最好形式。在另一些時期，尤其是19世紀，普遍的信條存在於歷史進步的觀念中：歷史沿着直線前進，從原始的野蠻狀態進入到文明的更高級階段。可這又一次意味着，社會被統治的方式依賴於人類控制之外的社會因素。這種觀點最具影響力的版本是馬克思主義，它認為社會的發展最終取決於人們生產物質產品的方式——他們使用的技術，以及他們採納的經濟體制。政治成了「上層建築」的一部分，它要適應於佔主導地位的生產方式的需要。因此按照馬克思的說法，在資本主義社會，國家必須服務於資產階級的利益；在社會主義社會，國家會服務於勞動人民的利益；最後到了共產主義社會，國家將徹底消失。照此說來，思考政府的最好形式就變得毫無意義了：歷史將替我們解決這一問題。

有趣的是，馬克思主義本身的發展歷程向我們揭示了這種決定論的錯謬之處。在馬克思主義觀念的影響下，社會主義革命在馬克思認為它本來不會發生的地方——俄國和中國這樣經濟相對落後、因而還未及採納社會主義生產方式的社會——發生了。而在更為發達的資本主義社會，有的地方建立了相當穩定的民主政

府——考慮到這些社會的階級分裂性質，馬克思曾認為這是不可能的；另一些國家則淪為法西斯政權的犧牲品。這表明政治在相當程度上是獨立於經濟，或者更寬泛地說，獨立於社會進程的。這也再次意味着，人們不僅對狹義的政府形式，而且對更廣泛的社會構成方式，都有巨大的選擇餘地。他們應該擁有一個一黨制國家，還是一個自由民主的民選政府？經濟應該由中央計劃，還是以自由市場為基礎？這些都是政治哲學家們試圖回答的那一類問題，它們再一次被提上了議事日程。

但如果說20世紀的經驗終結了19世紀如此流行的那種歷史決定論的話，那麼到21世紀開始的時候，一種新的宿命論已經出現了。這是一種由新出現的全球經濟增長所激發的信念，它認為要想讓自己的人民從中獲益，國家施展身手的空間已經越來越小了。任何試圖與市場對抗的國家都會遭遇經濟衰退。在新的全球競爭中唯一可能取得成功的就是自由民主國家，所以儘管一個社會可能採取不同的統治形式——例如伊斯蘭政權——但其代價將是經濟隨之衰落。這就是所謂的「歷史終結」論，其實質是宣稱一切社會都將在經濟力量的驅使下，採用大致相同的方式來統治自己。

毫無疑問，這種形式的宿命論也會像它的早期形式那樣，被一些事件逐步顛覆。在環境問題、全球市場對發展中國家的影響或者普遍下滑的全球文化品質等方面，我們已經能夠看到以政治運動形式表現出來的對於

全球化的對抗性反應。這些運動對視經濟增長為超級目標的觀念形成了挑戰，並在此過程中提出了我們生活的終極價值是什麼、我們如何實現這些目標等問題，而這些正是政治哲學的中心問題。即使把政治論辯局限在與傳統的核心話題更為接近的範圍內，我們仍然有足夠的餘地去討論：在更宏大的平等的名義下，我們應該犧牲多少經濟自由；或者為了加強自己生活於其間的社區的和諧，我們應該在多大程度上限制個人自由。在我寫作本書期間發生了一場激烈的爭論，不停地談論着恐怖主義、個人權利以及無論別國怎樣統治都不能干涉其內政的原則。這些同樣是需要作出集體選擇的問題，也是政治哲學的一些典型問題。

到目前為止我已經指出，政治哲學研究的是對我們所有人都至關重要的問題，以及我們可以作出真正的政治選擇的問題。現在我要面對另一個拒絕承認這門學科的理由，即政治關乎權力的運用，而掌權者——尤其是政治家——不會關注政治哲學的著作。按照這種思考方式，如果你想改變現狀，就應該走上大街、示威遊行、製造混亂，或者換一個辦法，看能不能找到一個政治家去賄賂或勒索，反正你用不着為那些沒人去讀的關於好政府的學術論文費神。

的確，當政治哲學家試圖直接干預政治生活的時候，他們常常會落得一敗塗地。他們向有權的統治者進

言 —— 亞里士多德[4] 當了亞歷山大大帝[5] 的家庭教師，馬基雅維利[6] 想給佛羅倫薩的美第奇家族[7] 出主意，狄德羅[8] 被葉卡捷琳娜女皇[9] 邀請到聖彼得堡討論怎樣使俄國實現現代化 —— 但這些干預有沒有用則是另一個問題。撰寫於緊張的政治衝突時代的論文，通常只能是兩不討好。一個有名的例子是托馬斯·霍布斯[10] 的《利維坦》，這部政治哲學巨著是在英國內戰仍很激烈的時候寫成的。霍布斯在論述中贊成專制政府(我將在下一章對此進行更充分的討論)，結果既不受保皇黨人歡迎，也不被議會黨人接受。前者相信君權神授，後者則認為合法政府的成立需要得到國民的同意。霍布斯所描繪的人類境況的悲慘圖景使他得出結論：我們必須屈服於任何一個已經建立的有效政府，無論它能否為自己正名。由此推論，查理一世[11]

---

4 亞里士多德(前384-前322)，古希臘哲學家、政治學家。公元前341年應馬其頓國王腓力二世的召喚，成為其子亞歷山大(後來的亞歷山大大帝)的家庭教師。

5 亞歷山大大帝(前356-前323)，即馬其頓國王亞歷山大三世，公元前336—前323年在位。

6 馬基雅維利(1469-1527)，意大利外交家和政治思想家，代表作為《君主論》。美第奇家族統治佛羅倫薩時期，曾就政治改革問題向馬基雅維利徵詢意見。

7 美第奇家族，15、16世紀佛羅倫薩最有勢力的政治家族之一，曾多次(包括1511至1527年)統治佛羅倫薩。

8 狄德羅(1713-1784)，法國啟蒙思想家，百科全書派代表人物。

9 葉卡捷琳娜女皇(1729-1796)，一譯「凱瑟琳大帝」，俄國女皇，1762-1796年在位。

10 霍布斯(Thomas Hobbes 1588-1679)，英國哲學家，代表作《利維坦》。

11 查理一世(1600-1649)，英國斯圖亞特王朝國王，1625年繼承王位，1649年被處死。

在位的時候擁有統治之權，但是在成功罷黜查理之後克倫威爾[12]也有這個資格。這是雙方都不想聽到的。

霍布斯的例子有助於解釋，為什麼政治哲學家很少對政治事件產生直接影響。由於從哲學的視角去看政治，他們一定會對政治家和全體公眾所持有的許多習慣看法形成挑戰。他們把這些看法放到顯微鏡下，細細探究當人們談論某某的時候到底指的是什麼，他們有什麼證據來支持自己的信條，在受到質疑時他們如何證明自己的看法是正當的。這種論辯式審察的結果之一是，當政治哲學家提出他們自己的觀點和主張時，對於那些習慣於常規討論的人來說幾乎總是顯得奇怪和讓人心煩，正如霍布斯的觀點之於英國內戰中爭鬥不休的那兩派人一樣。

但這並不能阻止政治哲學隨着時間的推移而產生影響，有時還是相當大的影響。當我們思考政治的時候，常會作一些自己意識不到的假設，這些假設是潛在的，然而又確實大大改變了歷史的進程。比如在霍布斯寫作的時代，討論政治時訴諸宗教原則，尤其是《聖經》的權威，是很常見的。霍布斯留下的永恆遺產之一是讓用完全世俗的方式思考政治成為可能。儘管霍氏本人深深沉溺於宗教問題，但他在用全新方法探討政治權威時卻容許將政治和宗教分離開來，並分別採用不同的術語。

12　克倫威爾(1599–1658)，英國政治家、軍事家，1653年成為英國獨裁統治者。

或者想一想在霍布斯的時代，只有少數極端激進分子才會相信民主可以作為一種統治形式（典型的是，霍布斯自己雖未將民主制完全排除在外，卻認為它總體上要比君主制低劣）。如今我們無疑已經把民主看作是理所當然的，以至於很難想像其他的統治形式怎能被視為合法。這種變化是如何發生的？這是一個複雜的過程，但是為民主辯護的政治哲學家肯定是其中不可或缺的推動力量。他們的觀點被採納、普及，融入了主流的政治觀念。其中最著名的也許是讓-雅克·盧梭[13]，他通過自己的著作《社會契約論》對法國大革命發揮的影響是毋庸置疑的。（至少托馬斯·卡萊爾對此沒有懷疑。據說當人們要求他證明抽象觀念在實踐中的重要性時，他答道：「曾有一個叫盧梭的人寫了一本除了觀念之外別無他物的書。它的第二版就是用那些對第一版不以為然者的皮膚裝訂而成的。」）

沒有人能預言一本特定的政治思想著作會產生諸如霍布斯的《利維坦》、盧梭的《社會契約論》或者換一個更近的例子——馬克思和恩格斯的《共產黨宣言》那樣的影響。這完全取決於哲學家所提出的潛在的思想變化是否與政治和社會變遷相一致，從而使新觀念能夠成為隨後幾代人的共識。另一些政治哲學著作取得了有限的成功，隨後就事實上不留痕跡地消失了。但是對政

---

13 盧梭（Jean-Jacques Rousseau 1712–1778），法國啟蒙思想家，代表作為《社會契約論》。

治哲學的需要一直存在着，尤其是在我們面對新的政治挑戰而當時的傳統智慧又無力應對之時。在這種時候，我們需要挖掘得更深、需要探尋我們所持政治信念的基礎；正是在這裏我們轉向了政治哲學，也許不是從本源上，而是經過了小冊子、雜誌、報紙等等的過濾——每一個成功的政治哲學家都曾依靠與媒體關係良好的追隨者，使自己的觀點得以傳播。

可是就算政治哲學滿足了真正的需要，它能否證明自己有真正的正當性呢？（占星術滿足了一種強烈的需要——人們想知道註定會落到自己身上的未來是什麼——可我們大多數人都認為星相本身完全是假的。）政治哲學聲稱能帶給我們一種關於政治的真理，它和日常生活中指導我們的觀點是不同的。常被視為政治哲學之父的柏拉圖[14] 通過《理想國》中的洞穴寓言，以最引人注目的方式提出了這種主張。柏拉圖將普通人比作被縛在洞穴裏的囚徒，只能看到事物投射在自己前方洞壁上的影子。柏拉圖說，他們會設想這些影子是唯一真實的事物。現在假設其中一名囚徒被釋放出來，來到炫目的光亮中頻頻眨眼。慢慢地，他會看到世界上的真實物體，明白自己曾經看到的只不過只是影子。但若讓他再回到洞穴，試圖讓同伴們認識到自己的錯誤，他們不太可能會相信他。柏拉圖認為，這就是政治哲學家所處的位置：他擁有真實的知識，他周圍的人只有扭曲的觀

---

14 柏拉圖（前427–前347），古希臘哲學家，代表作為《理想國》。

點。但由於通往哲學知識的小徑是漫長而艱辛的，很少有人願意去嘗試。

然而，柏拉圖將哲學知識與普通觀點進行如此強烈的對比是否合理呢？這裏不打算討論這種區分的形而上學基礎，所以讓我簡單地説吧：我的政治哲學概念不包括將那種普羅大眾所無法獲得的特殊知識獨獨賦予哲學家們。相反，他們使用與其他任何人完全相同的方式去思考和推理，只不過更加挑剔、更加系統。他們很少想當然：他們會探究我們的信念是否相互一致，是否得到證據的支持，以及如果可能的話，這些信念如何被納入一個宏大的圖景。要解釋這一點，最簡單的辦法是舉幾個例子。

假設我們去問一個政治家他有哪些目標，他所屬的政治團體想要實現哪些目的或價值。如果他身處當代西方社會，那麼他也許會提出一個料想中的清單：法律和秩序保障、個人自由、經濟增長、充分就業以及另外一兩個目標。一個政治哲學家對此會作出什麼反應呢？她首先會把關注焦點放在這些目標本身上，探究哪些才是真正終極的目標。比如說經濟增長，它究竟是一個價值上自足的良善目標，抑或其好處僅在於為人們提供更多的選擇機會或者使人們的生活更加健康快樂呢？我們能否假設更多的增長總是好的，抑或增長到達某一點後就不再對那些真正重要的東西有所助益了呢？對於充分就業也可以提出相似的問題。我們重視充分就業，是因為

我們相信人們從事有酬勞的工作具有實質性價值，還是因為人們沒有工作就無法過上體面的生活呢？但如果後者是正確的，那為什麼不讓人人都有一份收入而不管他們是否工作，再把工作變成那些愛好工作的人的一項自願活動呢？

我們的政治哲學還會問，政治家們所列出的不同目標是怎樣相互聯繫起來的。政治家很少承認自己可能必須犧牲一個目標以便實現另一個目標，但事實上他們也許會這樣做。以法律和秩序保障與個人自由為例，我們能否通過限制個人自由讓街區更加安全——比如給警察以更大的權力去逮捕那些他們懷疑將要從事犯罪活動的人？如果這樣的話，何種價值具有更高的優先權？當然，為了解決這個問題，我們需要更精確地說明個人自由的含義。它僅意味着可以做你想做的一切，還是指只要不傷害他人就可以做你想做的事情呢？這對我們所提的問題來說是非常重要的。

在提出這些問題和暗示某些答案時，政治哲學家沒有(或者不需要)借助於任何深奧的知識形式。他們鼓勵讀者對自己的政治價值觀進行反思，弄清在終極分析中自己最關心的價值是哪些。沿着這條道路，他們也許會添加一些新的知識信息。例如，在對經濟增長的價值進行深入思考時，也有必要看看物質生活水平迥異的人們在生理指標(譬如健康度和死亡率)和心理指標(譬如對生活的滿意度)上情況如何。因此，政治哲學家需要很好地

圖2 柏拉圖和蘇格拉底，馬修‧帕里斯（卒於 1259）為《蘇格拉底王的預言》所作的扉頁插圖 The Bodleian Library, University of Oxford, shelfmark MS. Ashm, 304, fol. 31v

掌握社會和政治科學知識。在早期階段，他們主要通過核實種種證據來做到這一點。這類證據可以從關於範圍極廣的人類社會及其各種政治體系的歷史記錄中找到，但它們是某種印象式的、通常不太可靠的東西。在這方面，由於20世紀社會科學的巨大發展，今天的政治哲學家可以將證據建立在更堅實的經驗主義基礎之上了。但是他們工作的本質仍然是一樣的。他們吸納我們關於人類社會的知識並弄清人們被統治的方式，然後探究根據（他們相信自己的聽眾也將共享的）那些目標和價值，最好的政府形式會是什麼。有時會證明最好的政府形式與現有的形式非常接近；有時則差別甚大。

以上幾個段落的論述是為了表明，政治哲學家何以能夠闡明我們思考政治的方式而不必訴諸一種普通人難以接近的特殊真理。這裏有一個相關的問題，即這種真正的政治哲學所給予我們的，究竟在多大程度上是一種普遍真理——適用於一切社會和一切歷史時期的真理。或者，我們能夠期待的最好的東西不過是局部知識，即只與我們今天生活於其中的獨特社會類型有關的知識？

我要給出的答案是，政治哲學的關注重心隨着社會和政府的變化而變化，儘管其中有些事項長久以來在我們的記載範圍內一直存在。這些持續存在的問題中最基本的是關於政治和政治權威的問題，我將在下一章進行論述。我們為什麼非得要有政治？無論何人，他/她有權強迫另一個人去做違背自己意願的事情嗎？當法律不符

合我的要求時我為什麼還要服從它？但是在另一些情形下，問題或答案抑或二者同時隨着時間的推移而發生了變化，我們需要弄清楚為什麼會這樣。

原因之一是社會的變遷開啟了前所未有的可能性，或者相反，使以前存在的可能性關閉了。譬如說，想想作為一種統治形式的民主。幾乎今天所有的政治哲學家——至少在西方社會——都理所當然地認為好政府必然具備民主因素；人們必須以這種或那種方式進行統治（如我們將在第三章看到的那樣，這為民主在實踐中的真實含義留下了大量的爭論空間）。而在此之前的許多世紀，相反的觀點佔據着主流：好政府意味着由睿智的君主、開明的貴族、有錢人或者是他們的某種聯合來實施統治。那麼可以說我們是對的，而我們的先輩們完全錯了嗎？不，因為民主看來需要特定的前提條件才能順利運行：它需要有一定經濟基礎且有文化的社會公眾，需要大眾傳播媒介促成觀念和意見自由流通，需要得到人民尊重的運轉良好的法律體系，等等。這些條件只在相當晚近的過去才出現，此前在任何地方都不具備，也無法在一夜之間被創造出來（古代雅典常被視為一個例外，但有必要記住，雅典式「民主」僅僅涵蓋了城市人口的一小部分，而希臘人自己也承認，婦女、奴隸、外邦居民是被排除在外的）。所以先前的哲學家們不把民主視為一種統治形式，並沒有什麼錯。甚至盧梭也說，民主只適合上帝，而不適合人類。而我們前面已經看到，他本身就是民

主觀念的一個重要來源。考慮到這些主要的條件，我們今日所理解的民主在當時並不是一種可行的統治形式。

另一個關於政治哲學主題變遷的例子是我們今天賦予個人自由選擇的價值。我們認為，人們應該自由地選擇他們的工作、伴侶、宗教信仰，穿什麼衣服、聽什麼音樂，如此等等。我們認為，每一個人都應該去發現或創造最適合自己的生活方式，這一點是很重要的。設想有這樣一種社會，身處其中的人們為了生存而註定要跟隨自己父母的腳步，沒有什麼職業選擇，沒有什麼娛樂，統一的宗教，等等。在此情況下選擇自由有什麼意義呢？在這裏，另一些價值變得遠為重要。這就是大部分人類歷史中的社會狀況，所以毫不奇怪，我們發現只是在過去的幾個世紀裏，政治哲學才確立了個人選擇的至上價值，比如我將在第四章討論的約翰·斯圖亞特·密爾[15]的《論自由》。

在本書中，我努力在政治哲學的基本問題與那些新近才被提上該學科研究日程的問題(如第六章所探討的婦女及文化少數派的權利主張)之間保持一種平衡。這種努力並非易事：當下的政治話題太容易一葉障目，使那些作為政治之普遍基礎的基本問題被拋諸腦後。要克服這種傾向，一個有效的補救方法即是回溯到錫耶納，讓洛倫澤蒂的壁畫來再次提醒我們政治權力構成方式的重要

15　密爾(John Stuart Mill 1806–1873)，英國古典自由主義思想家，代表作為《論自由》和《代議制政府》。

性——它能導引貧富，決定生死。這一點也是下一章內容的敘述起點。

我還試圖在展示關於這些問題的已有對立觀點和提出我自己的看法之間，保持某種平衡。我的目標是要解釋，當無政府主義者與中央集權論者、民主主義者與精英主義者、自由主義者與獨裁主義者、民族主義者與世界主義者等等進行爭論時，雙方的分歧在哪裏。但是，聲稱自己在以某種完全中立、超然冷靜的視角來審視這些爭論是不誠實的。人們也不可能用這種方式來寫作政治哲學。所以，雖然我盡量不去嚇唬讀者，使之相信現時代爭論最為激烈的那些問題只有一個可接受的答案，但我也不打算掩飾自己的個人傾向。如果你不同意我的看法，我希望你能找到在公正提出的論辯中支持你那一方的理由。當然，我更希望你能被支持我這一方的理由所說服。

第二章
政治權威

如果有人問我們今天是如何統治自己的，即我們在什麼樣的安排下共同生活於社會之中，答案肯定是我們被國家統治着，國家行使前所未有的權力對我們的生活施加影響。它不僅為我們提供基本保護，使我們免遭人身和財產的損害；還以無窮多的方式對我們進行管理，制定我們藉以謀求生存、與人交流、來回旅行、養育孩子等等的規則。同時它還為我們提供範圍廣泛的福利，從衛生保健、教育一直到道路、住房、公園、博物館、運動場以及諸如此類的東西。說今天我們都是國家的傀儡並不為過。當然並非所有國家在履行這些職能方面都同樣成功，但是沒有人能從隸屬於一個失敗的國家中受益。

從人類歷史的角度來看，這是很晚才有的一種現象。過去，人類社會通常以小得多的規模來統治自己。在部落社會，權威掌握在村莊長者的手中，他們開會解決部落成員間發生的一切爭端，或對部落的規範作出解釋。當更大規模的社會出現時，譬如漢朝統治下的中國或中世紀的歐洲，仍然沒有任何可以稱得

上國家的東西。儘管國王或皇帝擁有最高權威，但日常治理是由地方領主及其屬下官員來進行的。他們對人民生活的影響也非常有限，因為他們既不想對人民管制得這麼嚴密(也許除了宗教事務之外)，當然也不打算提供現代國家所提供的大部分物品和服務。政治權威以這樣一種方式被織入社會結構中去，它的存在相對而言似乎是無可爭議的。發生的爭論在於事實上應該由誰來行使它(國王依靠什麼權利來實施統治？)，以及它是否應該在不同的實體(比如國王與牧師)之間進行分割。

然而，現代國家首先在西歐、隨即在幾乎所有其他地方的出現，意味着政治權威問題成了過去五百年間政治哲學家們關注的對象。現在有一個機構聲稱有權以各種方式來統治我們的生活。有什麼能夠證明其正當性？在何種情形下(如果有的話)國家可以行使合法的政治權威？作為普通公民，我們在多大程度上有義務去服從它制定的法律、遵循它的其他指示？在我們於下文繼續探討如何最好地組織國家 —— 政府形式應該是怎樣的 —— 以及應該對國家權威設立什麼限制之前，需要先解決這些最基本的問題。

當我們說國家行使政治權威時，我們指的是什麼呢？政治權威有兩個方面的意思。一方面，人們普遍承認它是權威，即擁有命令他們以特定方式行事的資格。譬如說，當人們服從法律時，常常是因為他們相

信制定法律的實體有權這樣做，而自己有相應的服從義務。另一方面，拒絕服從的人們會在制裁的威脅下被迫服從——破壞法律的人會被抓住並受到懲罰。這兩個方面是相互補充的。除非大多數人在大多數時間出於相信其合法性而服從法律，法律體系是無法運行的：首先是需要大量官員來執行法律，隨後就會出現誰來對他們執行法律的問題。同樣地，那些的確是出於義務感而遵守法律的人，也會因為知道違法者將很可能受到懲罰而被鼓勵去遵守它。我不從鄰居那裏偷竊，因為我尊重他的財產權。我期待他也同樣尊重我的財產權，但我知道如果他不尊重的話，我能夠讓警察把我的財產拿回來。因此，自願服從權威的人們知道自己得到了保護，不會被心存不良者佔便宜。

這樣，政治權威就把真正的權威與被迫的服從結合起來了。它既不是純粹的權威，像智者那樣，他的門徒不受任何強制地聽從他的指示；也不是純粹的強制，好像一個奪走你錢包的持槍者；而是二者的混合物。但問題仍然在於，我們為什麼需要它？畢竟，政治權威——尤其是當它由現代國家這樣強有力的實體來行使時——將許多不受歡迎的要求強加於我們，其中有一些(比如交稅)使我們在物質上遭到損失，另一些則迫使我們去做自己在道德上抵制的事情(比如在我們所反對的戰爭中作戰)。如果無政府主義者聲稱沒有政治權威社會也能很好地管理自己，國家本質上不過是謀求當

權者利益的一種非法勾當，我們能作出何種回答呢？

本章稍後將回到無政府主義對國家的替代選擇，但我首先要像其他人以前做過的那樣為政治權威辯護：請讀者想像一下沒有政治權威的社會生活——將警察、軍隊、法律體系、文官系統以及國家的其他分支機構全部拿走，這時會發生什麼呢？

也許可以在托馬斯·霍布斯出版於1651年的《利維坦》中找到循此思路的最著名的思想實驗。我在第一章中提到，霍布斯經歷過英國內戰所導致的政治權威的局部崩潰，他所描繪的缺乏政治權威的生活景象是極為慘淡的。他把沒有政治統治的「人類的自然狀態」描述為一種為了生活必需品而殘酷競爭的狀態，人們處在持續的恐懼當中，擔心遭到他人的搶劫或攻擊，因而總是傾向於首先攻擊他人。其結果被概括在常被引用的一段話中：

> 在這種狀況下，產業是無法存在的，因為其成果不穩定。這樣一來，舉凡土地的栽培、航海、外洋進口商品的運用、舒適的建築、移動與卸除那些須費巨大力量的物體的工具、地貌的知識、時間的記載、文藝、文學、社會等等都將不存在。最糟糕的是人們不斷處於暴力死亡的恐懼和危險中，人的生活孤獨、貧困、卑污、殘忍而短壽。[1]

1　本段譯文引自霍布斯的《利維坦》，黎思復、黎廷弼譯，商務印書館 1985年版，第94–95頁。

有時人們會說，霍布斯之所以得出這種悲觀的結論，是因為他相信人的天性是自私、貪婪的，如果沒有政治權威的約束就會試圖為自己攫取盡可能多的東西。但這種說法沒有抓住霍布斯觀點的核心，即在信任缺失的情況下人們之間的合作是不可能的，而只要沒有超越眾人之上的權力來執行法律，信任就不會存在。霍布斯描述的「自然狀態」中所沒有的那些東西，首先需要許多人在一起工作才能獲得；這些人將期待他人也會盡到自己的職責，而在沒有政治權威的地方，心存任何這樣的期待都是不安全的。如果我和別人達成協議，卻沒有法律來保障其執行，我憑什麼能指望對方遵守協議呢？就算他願意遵守協議，也會對我產生同樣的疑慮，從而斷定這樣做太冒險了。霍布斯聲稱，在這種情形下只能小心翼翼地作最壞的打算，盡你所能採取任何措施以保護自己免於死亡的威脅；要做到這一點，就得積聚相對於別人而言盡可能多的力量。說到底，正是因不信任而產生的對他人的恐懼，把沒有政治權威的生活變成了「一切人反對一切人的無休止戰爭」。

霍布斯的悲觀論調是否正確呢？他的批評者指出，我們只需環顧四周，就能發現在沒有國家或國家分支機構介入的情況下，人們相互信任、相互協作甚至不期待任何回報地相互幫助的大量證據。譬如說，一群街坊可以共同決定修葺一塊廢棄的兒童操場，成

圖3 托馬斯・霍布斯，政治權威的辯護者 © Michael Nicholson/
Corbis

立團隊，分派工作，每個人都可以指望其他人完成各自的那一份工作，而用不着任何法律協議或其他強制手段。人類的本性並不像霍布斯所描繪的那樣。但是這種看法在某方面未能抓住要害。儘管霍布斯也許的確對人類本性作了過低的評價（曾經有人發現他塞錢給一個乞丐，他只能解釋說自己這樣做只是為了減輕看到乞丐所產生的不適感），他真正的觀點是，在權威坍塌後接踵而至的恐懼氛圍下，人類天性中更值得信任的良善的一面會被湮沒無存。從我們所知道的人類在被卷入內戰和其他困境、生存本身受到威脅時的行為表現來看，他似乎是對的。

所以，我們需要政治權威，因為它給我們以安全，這種安全讓我們能夠信任他人。在信任的氣氛中，人們能夠合作創造出霍布斯所列舉的顯然不存在於「自然狀態」中的所有那些好處。但是，我們怎樣在沒有政治權威的地方造出權威來呢？霍布斯設想所有人集中起來相互締約，成立一個主權機構，此後就由它來進行統治；或者另一種選擇，他們可以個別地服從一個強有力的人，比如一個能征善戰的將軍。在霍布斯看來，誰擁有權威無關緊要，只要權威是不受限制、不被分割的。在這裏，我們也許會和他產生分歧。但在更周密地考察權威應如何構成之前，我們應該先看看有沒有別的辦法可以避免「自然狀態」。不

管霍布斯說了些什麼，在政治權威缺失的情況下社會合作究竟有沒有可能呢？

無政府主義者相信這種合作確實是可能的。儘管無政府主義者總是一個很小比例的少數，我們也應該聽聽他們的聲音：作為政治哲學家，我們義不容辭要對習慣性常識加以檢驗，所以不能不考慮其替代選擇就把政治權威視為理所當然。這裏我們有兩種不同的選擇方向，即無政府主義者本身大致可以分成的兩類，一類指向社群，另一類指向市場。

政治權威的社群主義替代選擇把面對面的社群看成是積木，它們使人們之間的信任和合作成為可能。在一個小的社群中，人們在日常生活中相互影響，每個人都知道誰是、誰不是社群的成員，維持社會秩序相對比較容易。任何人要是攻擊其他人、拿走他們的財產或者拒絕履行其在社群中的分內工作，就會受到某些顯而易見的懲罰。隨着其聲名狼藉，其他人將會指責他，也許還會拒絕以後和他一起工作。他會在社群會議上遭到譴責，甚至乾脆被要求離開。所有這些的發生，都不用強迫為惡者做任何事情或者讓其受到任何正式的懲罰——這就是為什麼我們將其描述為政治權威的替代選擇，而不是政治權威的一種形式。人類最重要的動機之一是希望得到周圍人們的接受和尊重，在小社群的背景下它使合作成為可能，即使人們並不是聖徒。

社群主義的無政府主義者主張，在由這樣的社群組成的社會中，更大規模的合作也將成為可能。自然而然地，社群之間將會容許相互交換服務——比如它們會在製造不同種類物品方面進行專業分工，會在需要大規模運作的項目上合作，比如創建交通系統或者郵政服務。達成這些協議是符合每個社群的利益的，對於違反協議的懲罰就是，如果被證明是不值得信任的，以後就沒有人願意跟你的社群合作。在此情況下同樣不需要一個中央權威來告訴人們做什麼，不需要使用強制權力來迫使社群合作——系統將會有效地自我管理。

　　這種沒有國家的田園詩般的生活圖景背後有什麼問題呢？一個主要問題在於，它要依賴團結緊密的小型社群作為社會秩序的基礎，這在過去也許是一個合理的假設，但今天已經不再是了。現代人生活在高度流動的社會中，一方面人們可以相當自由地遷徙，另一方面可以合作的新的對象無處不在（不幸的是，他們同樣可供利用）。無政府主義者所描繪的圖景並非一派胡言，但其前提假設是我們隨着時間的流逝只和同一群人發生互動，因而我們的行為方式在這個群體中成為人所皆知的事實。它還假設被群體排除在外的可能性對於反社會行為來說是一種強有力的威懾，但是在一個大規模、流動性高的社會中，這種假設並不成立。因此我們需要一個法律體系，可以抓住並懲罰傷

害他人的人，允許我們訂立有約束力的協議並能對違約者施以處罰。

社群之間的合作也不像無政府主義圖景所設想的那麼簡單明瞭。因為成員對自己所在社群的忠誠，常常伴隨着對其他社群的相當強烈的不信任，從而協議可能會由於如下原因而崩潰：對於假定由我們共同完成的任務，我們這一方不能確信你們那一方會作出公平分攤的那份貢獻。首先對於怎樣才算公平的問題，也許我們就不能達成一致。假設我們要在沒有中央權威的情況下建造一個遍佈全社會的鐵路網。每個社群應該分攤多少財力供給？應該按人頭平均分攤，還是讓富有的社群分攤更大的比例？如果我所在的社群位於偏遠地區、需要更多的投入才能連接到鐵路網的話，應該由本社群獨自承擔額外的費用，還是由所有社群平等分攤呢？對這些問題沒有簡單的答案，也沒有理由認為許多地方社群可能就這些問題自發地達成一致。相反，國家可以強加一種解決方案：它可以強令每個人或每個社群貢獻特定的份額，比如說通過稅收。

現在讓我們將目光轉向無政府主義者對政治權威和國家的另一種替代選擇，這種選擇依賴於經濟市場。這當然是伴隨着現代世界的特質而出現的，因為市場已經被證明是一種促成大規模人群共同工作的強有力的手段，它為我們提供了我們所需要的大部分物品和服務。但是，它能代替國家嗎？

市場無政府主義者——有時也被稱為自由意志主義者——聲稱我們可以個別地訂立契約、支付費用，以獲得現在由國家提供的那些服務，包括至關重要的人身保護在內。在國家保障缺席的情況下，公司或商號將為客戶和他們的財產提供保護，其中包括取回被竊走的財物、完成契約履行、獲得人身傷害賠償。所以如果我的鄰居偷了我的東西，我不用叫(公共)警察，而會去找保護我的代理公司，他們將以我的名義對討厭的鄰居採取行動。

但是如果鄰居抵制我的要求並找來他的代理公司——當然和我的不是同一家——結果會怎樣呢？自由意志主義者聲稱，如果兩家代理公司不能達成一致，他們會求助於一個仲裁者，後者同樣要為其提供的服務收取費用。捲入爭鬥畢竟不符合任何一家代理公司的利益，所以將會有一個提供保護服務的初級市場，然後會有一個提供解決爭端的仲裁服務的二級市場——當然，前提是所有人都選擇同一家代理公司(但為什麼會出現這種情形呢？)。目前由國家提供的其他服務也將移交給市場——人們將為健康保險付費，為子女教育付費，為使用公路付費，等等。

這個體系真能使政治權威顯得多餘嗎？保護代理公司需要使用強制力來保護客戶的權利。如果我的鄰居在財物被確定合法歸我所有的情況下仍不肯還給我，我的代理公司就會派遣有力的大漢把它取回來。

但是現在仍然沒有嚴格意義上的權威，因為我的鄰居沒有義務認同我的代理公司——他總是可以抵抗；要是不喜歡代理公司的行事方式，我也可以另換一家。看來，這確實是對國家的一種無政府主義的替代選擇，但它是一個好的選擇嗎？

或許下面這種設想看起來很誘人：各種各樣的代理公司都同意執行同一套規則來處理財產糾紛和諸如此類的事情，同意在發生糾紛時訴諸獨立的仲裁。但他們為什麼要這麼做呢？一個代理公司為了爭取顧客，也許會承諾為了顧客利益而不分青紅皂白地去鬥爭——也就是說，即使從大多數人所接受的標準來看顧客是錯的。一旦有幾個這樣的公司進入市場，其他公司就不得不作出反應，採用同樣具有侵略性的策略。這意味着愈來愈多的爭端將不得不依靠身體暴力來解決，普通人則面臨着置身於交叉火力之中的危險。我們將會重新陷入霍布斯所說的「一切人反對一切人的戰爭」狀態，在這種狀態下每個人唯一的理性選擇就是與最有可能贏得大多數爭鬥的代理公司簽訂協議。但結果將是創造出一個組織，它擁有權力和權威將同一套規則體系強加於每個人身上——換言之，我們無意之中已經重新創造了國家。

依靠市場來執行目前由國家履行的所有職能還存在另一個問題。這些職能中有一項是提供我們所說的「公共物品」，即每個人都能享用、沒有人能被排除

在外的好處。公共物品以多種多樣的形式出現，例如乾淨的空氣和水，抵禦外敵的防衛工事，公路、公園、文化設施、傳播媒介的使用權，等等。這些物品的提供可以通過對人們施加約束來實現——例如政府要求生產廠家控制向空氣中排放有毒氣體，也可以通過徵收稅款並用財政收入來支付公共廣播、交通系統、環境保護等費用來實現。這些物品能夠通過市場來提供嗎？市場運行的基礎是人們為自己想要使用的物品和服務支付費用，公共物品的問題恰恰在於它們是為所有人提供的，無論他們是否付費。當然，如果人們意識到所提供物品的價值，他們可能會自願出資：維護費用高昂的老教堂在某種程度上要依靠前來參觀的遊客往門口的箱子裏放錢才能支撐下去。但是搭便車的誘惑太強大了，而且許多公共物品是我們在享用卻沒有意識到的(早上起床的時候，我們並不認為擁有可呼吸的空氣和不受他國侵略有多幸運；我們把這些事情視為理所當然，除非它們出了問題)。所以，看起來我們需要擁有強制權的政治權威，以保證這些物品的供給。

自由意志主義派無政府主義者提出的巧妙辯論試圖表明公共物品可以通過市場來提供，或者由聯合起來、允諾貢獻各自產品的人們來提供。這裏無暇考慮所有這些觀點，在政治哲學中總是有更多的爭論要進行。但我希望以上的論述已足以表明，為什麼社群和

市場都不能替代政治權威及其現代化身——國家，儘管它們在人類生活的許多領域都很重要。當國家對我們實施管制、向我們收取稅款、徵召我們服役或以其他種種方式侵入我們的生活中的時候，我們會很討厭它，但要是沒有它我們就無法很好地生活。真正的選擇不是要不要政治權威，而是要什麼樣的權威以及權威的限度何在。這就是以下幾章討論的主題。但我們仍沒有完全解決權威本身的問題，還有一個至關重要的問題需要回答：當這種權威讓我去做自己不喜歡或不贊成的事情時，我為什麼應該服從它？政治哲學家們稱之為「政治義務問題」。

你或許認為，在說明我們為什麼需要政治權威的時候，這個問題已經得到了回答。但事實上，譬如說，在承認英國政府有權制定法律、徵收稅款與認為我個人必須服從這些法律、繳清我的稅單之間，仍然是存在差距的。這並不是說似乎我拒不服從就會導致政府垮台，或者嚴重妨礙其維持社會秩序的能力。所有國家都要設法承受大量的違法和逃稅行為。如果只考慮自己行為的後果，我也許有充分的理由得出這樣的結論：違反法律——比如說把自己綁在一座歷史建築的大門上不讓推土機通過，以阻止地方政府將其剷除——或者把本用來交稅的錢拿去資助樂施會[2]，這樣做將會得到更多的好處。那麼，我為什麼應該服從法律呢？

2　Oxfam，全稱為Oxford Committee for Famine Relief。

圖4　無政府主義如何看待政治權威：俄國漫畫，1900。從頂端開始按順時針方向，圖中文字依次為：我們主宰你們；我們愚弄你們；我們吃垮你們；我們射殺你們；我們統治你們。

當然，原因之一是如果我不服從的話可能會受到懲罰。但我們這裏要找的是一個更具道德原則性的服從理由。有些政治哲學家斷言這個問題是無法解決的。他們說，只有當我有完全自足的理由去服從法律時才應該這樣做，這些理由與法律來自於合法權威這一事實毫不相干。另一些人則試圖提供積極的解決方案，而這裏要考慮的方案事實上太多了。我將只考察其中的兩種，第一種是因為它在歷史上曾經最為流行，第二種是因為我相信它在很大程度上是正確的。

第一種方案聲稱，我們不得不服從法律，因為我們已經答應或者同意這樣做。這種觀點的吸引力是顯而易見的。假設我前往居住地的足球俱樂部並要求加入。星期六我到了賽場，但我沒有按照規則去比賽，而是堅持把球撿起來抱着奔跑。俱樂部會員們肯定會非常氣憤。他們會說，既然參加俱樂部，我就已經同意按照通常的規則來踢球，無論我有沒有簽署表達這種意思的明確協議。如果我爭辯說允許人們抱着球跑比賽將更加有趣，定會立刻遭到嘲笑。他們會說，這是一個足球俱樂部：任何參加者都不言自明地接受了通行的足球規則。

然而，當我們將爭論從足球俱樂部轉向國家時，困難就開始出現了。因為一般而言，人們並沒有選擇加入國家：他們只是被要求服從國家，無論他們喜不喜歡。那麼他們在什麼意義上表示了同意呢？霍布斯

認為，我們選擇隸屬於國家是因為它比自然狀態——如我們所見，在這種狀態下生活是「卑污、殘忍而短壽」的——更加優越，至於國家如何產生則無關緊要。即使我們在刀劍威脅下屈從於一個征服者，我們仍然是同意了他的權威，因為我們要借此逃避更糟的命運。但這已經對同意的概念作了延伸，使之超出了認可的範疇。足球俱樂部之所以成為一個有說服力的例子，在於其成員是自由選擇加入的。

後來的作者們反對霍布斯關於義務和同意的論述，他們試圖找到某種處於屈服於國家這一簡單事實之外的東西，用它可以說明我們對法律的同意。例如約翰·洛克[3]在《政府論下篇》（1689）中指出，我們都願意接受國家所帶來的好處，這種接受可以被視為同意的一種形式。尤其是，既然國家的主要職能之一是保護我們的財產，那麼舉例來說，當我們通過購買或繼承獲得財產的時候，我們就不言而喻地同意了國家對這種財產的管轄權，從而也同意了國家的法律。洛克認為，這甚至也適用於僅僅寄宿一個星期或者在公路上旅行的人。然而問題仍然在於，我們的確沒有什麼餘地去選擇是否接受這些好處：沒有某些財產我們就無法生存，即使它只是食物和衣服；即使要逃離某個國家，我們也不得不沿着公路到達其邊界。因此，

3　約翰·洛克(1632–1704)，英國經驗主義哲學家、政治思想家，代表作為《政府論》。

說任何人只要享受國家福利就是表示了她的同意、就有義務服從法律，仍然是過分延伸了同意的概念。

最近有些政治哲學家聲稱，當我們參與選舉的時候，就已經同意要服從選舉出來的政府和由政府頒佈的法律。這種說法似乎更有希望被接納：至少我們還有選擇去不去投票的自由，並且除非人們承認選出來的政府是合法的，否則選舉就沒有意義了。然而不幸的是，在投票和表達你的同意之間似乎仍然有所差異。要是你對兩個政黨都極不贊成，只不過考慮到其中一個沒有另一個那麼糟糕而去投票呢？或者要是你在某種意義上同意當選政黨在競選陳述中提出的總體政策方案，卻對其中的幾項感到反感，而你又沒有機會就這些政策分別投票呢？也許民的同意有助於解釋政府為何擁有合法權威，但卻不能解釋個體的公民為什麼有服從法律的義務。

除同意之外，還有一種更可指望的方式能夠表明這種義務的存在，即訴諸公正或「條件公平」。舉例子仍然是表達基本觀點的最好方式。假設我們一群人生活在一所房子裏，共用一間廚房。大約每週由一位住戶收拾廚房，對廚具和枱面作一次真正徹底的清洗。其他人都已經做過了例行清潔，現在輪到我花半個小時來擦洗燉鍋和操作台了。我為什麼應該幹這些活？我已經從其他人所做的工作中獲得了好處——享有乾淨的廚房來準備晚餐——所以我也應該付出自己

的那份代價，在這個例子中就是些許的體力勞動。如果不履行我的職責，我就是在佔其他住戶的便宜，這不公平。請注意，這裏我們用不着假設我已經答應或同意輪流值班：我的義務源自這一事實，即我是這種要求所有人輪流作貢獻的做法的受益者。

這種觀點怎樣轉化為政治義務呢？遵守法律以及服從更廣意義上的政治權威意味着放棄本來可能屬你的機會。我們每個人都希望做自己喜歡的事情，想從尊重他人權利、交稅、遵守交通法規等負擔中解脫出來。而且，服從規則對於他人而言就是一種好處：當你交稅的時候，其他人就從用稅收來負擔的道路、學校、醫院中獲益；當你在紅燈前停車的時候，其他在綠燈下穿行的駕車者就會更加安全。所以看來似乎是這樣：違反法律卻從其他人遵守法律的事實中獲得好處的人，是在以不公正的方式行事，就像使用廚房卻拒不履行清掃之責的人一樣。

不過外表可能具有欺騙性。如果要用條件公平的論辯來證明政治義務的正當性，至少有兩個困難需要克服。一是必須表明國家所提供的好處確實能讓所有人獲益。比如說，要是法律保護財產，卻只有部分人是財產所有者呢？或者，用稅款設立一個藝術畫廊，而許多人對藝術並不關心呢？但這一論辯仍然是有效的，只要國家所提供的整個一攬子好處能使每個人的境況得到改善，而且這些好處由所有公民——他們的

服從使權威體系成為可能——相當公平地共享。也許我從不去參觀畫廊,但我確實使用了居住地公園免費提供的足球場地。

提到公正,就把我們引向了第二個困難。在廚房的例子中,我們理所當然地認定住在房子裏的每個人都以大致相同的頻率使用廚房,所以也應該平均分攤清掃之責。可要是有人兩個星期才在那裏做一次飯呢?她也必須和其他人一樣頻繁地清掃嗎?我們能否說她就得這樣,因為畢竟只要願意她可以更頻繁地使用廚房,在她需要的時候廚房也是隨時可用的;還是說我們應該根據她實際使用的情況,設法對她需要承擔的任務作出調整?我們可以把這些問題稱為實質公正問題。從成本和收益在個體參與者中公平分攤的角度來看,似乎條件公平的主張對於實質公正的做法最為適用。但是如果從簡單的廚房案例轉向整個社會,我們就遇到了麻煩。考慮到人們的需要、能力、偏好等等各不相同,怎樣才能對社會成本和收益進行公平分配呢?要是成本和收益在社會中的實際分配方式遠遠達不到這一理想(似乎這是很有可能的),我們能否繼續聲稱每個人都有義務服從法律以維持公平的實踐呢?

看來對政治義務問題我的首選解決方案還要處理好社會正義的問題——我們將在第五章進行探討。但是暫且假定我們已經證明社會是完全公正的,社會成

員也有義務去遵守法律。這是否意味着他們永遠不能正當地違反法律呢？又是否有什麼其他原則超越政治義務呢？包括霍布斯在內的政治哲學家們常常辯稱，沒有對政治權威的嚴格服從，權威就將湮沒無存。但在實踐中似乎只要人們大致（而不要求總是）傾向於服從，國家和其他形式的政治權威就能存在下去並有效運行。這開啟了有限不服從的大門，尤其是人們所稱的公民不服從——一種不合法而又非暴力的政治抗爭形式，目的是向政府施加壓力以促使其改變政策。對公民不服從的辯護在於：如果某一特定的法律是極不公正或難以忍受的，或者國家在作決定時拒不考慮少數群體的想法，他們就可以在合法抗議無效時正當地違反法律。換言之，政治義務並非在一切場合都有約束力。我們可以有服從法律的一般性義務，在極端情境下又能正當地非法行事。

在這裏民主政體有什麼差別呢？一種普遍觀點認為，公民不服從也許是一種反抗威權政體的可接受的方式，但在公民擁有言論自由以及和平抗議權利的民主國家，它無法證明自身的正當性——這裏的政治義務要更加嚴格。但這就意味着，民主的政治權威中存在某種特殊的東西，將它與政治統治的其他形式區別開來。這種獨有的特質是什麼？這就是下一章要討論的主題。

第三章
民主

　　我們已經看到，為什麼好政府(至少是在大規模的現代社會中)要求建立、維持一個政治權威體系。我們在前面跟隨霍布斯的思路闡明了為什麼政治權威是必不可少的，霍氏認為有必要創造一個絕對主權——一個不可分割的權力來源，它的律令不受任何世俗的限制(霍布斯相信主權仍有服從上帝的義務)。這個主權實體不一定是一個單獨的人——君主，但霍布斯認為這種形式是最可取的，因為君主的意志不同於群體的意志，它持續存在而且不會受制於內部的分裂。但是霍布斯的這一觀點從寫下來的那一刻起就遭到人們的質疑，他們認為，用一個可以任意處置自己屬民的生命及其財產的全權君主來取代不安全的自然狀態，無論其主觀願望如何，結果都將是每況愈下。正如約翰·洛克的著名評論所稱的：

> 人們是如此愚蠢，他們小心翼翼地不讓臭鼬或狐狸傷害自己，卻心甘情願地被獅子吞食，還認為這很安全。

霍布斯對這種批評的唯一辯護是，審慎的君主會希望自己的屬民繁榮富庶，因為他自己的權力最終依賴於此。但是看看歷史我們就會得出結論：確實很少有君主是審慎的。政治權威是正當的，因為它提供條件讓人們可以過上安全、繁榮的生活，我們也確切無疑地希望它這樣做。將所有事情都託付給一個絕對君主，實在是太冒險了。作為一種替代選擇，我們會建議把權威交到我們所知的睿智而有德性、深切關心民眾利益的那些人手中。這是在為貴族制辯護，這種制度的字面含義就是「由最好的人統治」。至少在19世紀中期以前，這種觀點一直為大多數政治哲學家所服膺。但問題是要確定統治者究竟應該達到何種「善」，再找到某種方式去挑選表現出這種品質的人。這已被證明是難以做到的：在實踐中，貴族制意味着由出身高貴的人、財產充裕的人或者受過教育的階層來統治，因時因地而有所不同。即使人們可以證明來自這些階層的人擁有其他人所不具備的政治技巧，仍然存在另一個問題：他們具有與多數人的利益相分離的自身利益，憑什麼相信他們不會破壞共同的善來追逐私利呢？

　　因此，以民主的方式構建政治權威的做法漸成趨勢。它依賴於兩個基本假設：第一，沒有人天生比其他人優越，因此他們之間的任何權威關係都需要證明其正當性；換言之，每個人都應享有平等的政治權

圖5 北京天安門廣場民主女神像對着毛澤東像 © Jacques Langevin/Corbis Sygma

利，除非能夠證明所有人都從不平等中獲得了好處。第二，保護人民利益的最好方法就是使之成為政治權威的終極來源，讓任何被委以特殊權力的人都必須向作為整體的人民負責。但是作為整體的人民究竟應該在政府中扮演什麼角色，仍是一個懸而未決的問題。他們是否應該像盧梭在《社會契約論》中所說的那樣直接參與立法？如果是的話又該怎樣參與？抑或他們只能間接地參與其中，挑選議員來代表自己行使權力？

在實踐中，我們知道，被稱為民主的那些政治體制只為公民在政府中提供了非常有限的角色空間。他們被賦予在定期選舉中投票的權利，偶爾有重大憲法問題需要決斷時會以全民公決的方式徵詢他們的意見，也允許他們結成團體就與自己有關的問題遊說議員，但這些就是公民權威的極限了。決定民主社會之未來的真正權力顯然是掌握在少數人——政府部長、公職人員以及（某種程度上）國會議員或其他立法機構成員——的手中，我們自然會問為什麼是這樣。如果民主是政治決策的最好方式，為什麼不把它變成現實，讓人民自己對重大問題直接作出決定呢？

對此一個常見的答案是，讓數百萬普通公民捲入當今政府必須作出的數量龐大的決定中是完全不切實際的。這樣做不僅會使政府陷於癱瘓，公民自己也將沒有時間去做那些在多數人看來比政治更重要的其他

事情。但這個答案並沒有充分的說服力，因為不難設想，可以由公民作出總體政策的決定，然後將具體實施的任務交給部長和其他人等。電子技術革命意味着現在很容易徵詢公民對範圍極廣的問題的看法，從戰爭與和平、稅收與支出直到動物福利和環境問題。為什麼只在召集全民公決的極少數場合才這樣做呢？

原因是有一種廣為流傳的信念，即普通人完全沒有能力理解政治決策背後的那些問題，所以他們樂意將決定權讓渡給他們認為更有資格解決這些問題的人。這一觀點最強硬的論述，可以在約瑟夫·熊彼特[1]的著作《資本主義、社會主義與民主》（1943）中找到。書中說道，公民所應做的就是選擇一支領導者隊伍來代表自己，而不是試圖直接解決問題。譬如，熊彼特聲稱，在經濟交易中人們可以直接體驗到自己所作決定的後果——如果他們買了有缺陷的產品，立刻就會發現自己的失策——而對政治決定來說則沒有這樣的反饋機制，結果人們會遠離真實、不負責任地行事。

> 因此，典型的公民一旦進入政治領域，其智力就會降到更低的層次。他以某種方式進行爭論和分析，在關乎切身利益的領域他會坦率地承認這種方式是幼稚的。他重新變成了一個原始人。

1　熊彼特（Joseph Schumpeter 1883–1950），奧地利裔美籍經濟學家，代表作為《資本主義、社會主義與民主》。

這些論述很有說服力，它留給我們的真正啟示是，我們所能期待的最好東西是有時人們所稱的「選舉的貴族制」。在這種制度下，普通公民所能要求的一切就是能夠認可有能力的人代表自己作決定(如果被證明無法勝任的話也能投票把他們趕出政府)。無論具有其他的什麼美德，這樣一種制度都很難配得上民主的理想，即政治權威必須掌握在作為整體的人民手中。那麼對於熊彼特的懷疑主義論調，我們該如何應對呢？讓我們更仔細地看一看，作出政治決定要涉及哪些因素。

從根本上說，政治決定需要先進行政治判斷，即當存在幾種未定的選擇而又不能就什麼是最佳選擇達成一致的時候，應該做些什麼。影響這種判斷的因素有哪些呢？首先是關於作出一種或者另一種選擇將會導致什麼後果的事實信息。譬如，某種稅收的增加將對經濟產生什麼影響？其次是關於將受決定影響者的真實偏好的信息。例如，假定增加稅收是為了投資建設新的體育設施，那麼有多少人真正需要這些設施、他們又在多大程度上需要這些設施？再次是一些道德原則上的問題。為了體育設施建設向所有人徵稅是否公平，是否應該讓將要使用這些設施的人來負擔？

大多數情況下，作出政治判斷要涉及所有這三個因素，儘管在不同例子中它們的組合方式各不相同。有些問題主要是技術性的，只要我們能夠就關鍵性的

事實問題達成一致，就能水到渠成地作出決定了。比如在批准一種新藥之前，我們要弄清它是否經過恰當的檢驗並被證明是安全的，但只要完成了這一步，就可以例行公事地放行了。在另一些情況下，道德原則問題是首要的。比如關於死刑應該被採用或專門適用於特定罪犯的討論。這裏也涉及事實信息——死刑對於這些類型的罪犯有多少威懾效果？無辜者被判有罪的可能性有多大？——但對大多數人來説，關鍵問題是我們在道德上是否允許將剝奪另一個人的生命作為懲罰。

最難作出判斷的是那些同時涉及所有三種因素的問題。想一想英國當前關於允許還是禁止獵狐的爭論。這裏關係到事實問題：獵狐對於控制狐狸數量起了多大的作用？徹底禁獵會對鄉村經濟造成什麼影響？這裏也有偏好問題：對於目前正在獵狐的人來説，讓他們繼續獵狐而不是，比如説，沿着茴香小徑追逐獵犬，這兩者有多大差別呢？其他的鄉村居民想要繼續獵狐嗎，或者他們已受夠了馬匹和獵犬踩踏田地、毀壞籬笆？最後，這裏還有道德問題：個人自由包括獵狐的自由嗎？抑或狐狸和其他動物也有包括不被捕殺在內的權利？大多數人在作決定時都會考慮所有這些問題，這就是為什麼很難就這件事得出一個合理的判斷。當然，在實踐中人們對諸如此類的問題確實有着強硬的觀點，但也許這恰好表明，熊彼特關於

普通公民在政治問題上的能力水平的評論是完全合理的。

但現在讓我們問一句，依次考慮政治判斷的每一個要素，我們能否指望那些被選出來作為代表的人會做得更好呢？當代社會妨礙政治決定的最大困難之一在於，許多判斷需要具備只有相關領域的真正專家才能提供的事實信息。當一些科學問題處於決策關口的時候這種說法顯然是正確的，但它同樣適用於許多經濟和社會事務，這裏的問題是要確定提出的新法律和新政策可能產生什麼影響。比如說，大麻種植合法化將會增加還是減少因吸食海洛因或其他麻醉品而死亡的人數？這類問題的答案遠非顯而易見。一般說來，被選出的政治家和公職人員在回答這些問題時，並不比我們其他人擁有更多的專門知識。他們和我們一樣不得不依賴那些確實具備專業知識的人的觀點，如果這些人相互間觀點相左，他們就得判斷誰更加可靠。如此說來，沒有理由認為一個選舉出來的貴族團體會比普通公眾作出更好的判斷。

下一個要素是弄清人們的偏好是什麼、這些偏好有多強烈，在此你也許有理由認為民主具有決定性的優勢。因為在以民主的方式作決定時每個人都有機會發揮作用，所以來自不同社會階級、不同種族和宗教背景等等的人們，其觀點和偏好都能得到傾聽，儘管如今統治我們的政治階級主要是白人、男性和中產階

JUST TO ENCOURAGE HIM ALONG.

圖6 激起民主的一種方式：政治家們當心了！ Cartoon by David Low, 5 September 1933 © Evening Standard/Centre for the Study of Cartoons & Caricature, University of Kent, Canterbury

級。當然，國會議員和其他立法機構成員應該去傾聽選民的觀點，但是在現實中他們享有極大程度的獨立性——至於說他們在壓力之下不得不以這種而非那種方式去投票，壓力也是來自他們所在的政黨，而不是把他們選出來的人民。所以，假如我們想讓政治決定尊重將要受其影響的人們的偏好，難道我們不應該去傾聽作為整體的人民而非數量很少、不具社會代表性的少數群體的意見嗎？

但在匆忙得出這個結論之前，還有一種複雜情形需要考慮。假定在某一事務上多數人贊成一種政策，少數人贊成另一種政策，但是少數人對它的關切程度卻比多數人強烈得多。這種類型的案例是極為常見的，獵狐之爭就是一個很好的例子。大多數人對獵狐持有明確的反對意見，即使他們並沒有關於動物權利的強烈的道德判斷。他們認為這是一種陳舊的、勢利的而且一般說來讓人生厭的景象；如果有機會，他們會投票禁止這種行為。獵狐者本身是一個數量很小的少數群體，但是他們非常堅決地認為應該允許自己繼續打獵。獵狐在許多村莊是一種重要的社會活動，人們要靠它來謀生。關於獵狐的政治判斷不僅要考慮偏好雙方的人數，還要考慮這些偏好的強度。讓冷漠的多數在所有事務中壓倒熱情的少數，似乎有失偏頗。

對於這種事務，當選的代表何以可能作出比一般公眾更好的判斷呢？原因之一是，他們更有可能受到

對該事務感受強烈的少數群體成員的遊說。他們或許會在看到爭論一方感受的強度時被說服，或許僅僅考慮不致在下次選舉時失去選票。而且少數群體可以聯合起來，允諾相互支持對方的要求，這樣把好幾項事務放到一起就可能出現一個多數的聯合。這種代議制民主圖景有時被稱為多元主義，它基於如下假設：人們將行動起來組成團體，以保護他們切身的利益和偏好；而決策者將對這些團體的活動作出回應；除了遊說之外，這些活動還包括示威甚或從事非法形式的抗爭。

多元主義圖景當然有某種正確之處，但政治科學家往往具有懷疑論傾向。因為團體的壓力不僅取決於關注該事務的人數及其關注程度，還有賴於團體的組織程度和資源多寡。這就使特定的利益集團，尤其是商業利益集團，具有了內在的優勢，他們可以僱用善辯的鼓吹者去遊說他們的代表——甚至直接得到當選代表的支持——並花言巧語地威脅，如果其要求得不到滿足將會出現什麼可怕的後果。所以在代議制度下，少數群體確實能夠得到關注，但絕非所有少數群體都能得到同等程度的關注。

現在可以比較一下，如果讓全體公眾就多數派與少數派偏好不同的某項事務進行投票，將會發生什麼情況。這時將沒有一個中心點來引導遊說活動，任何團體都只能依靠其成員與他們所能找到的盡可能多的

公眾進行直接接觸。資源充足的團體可以利用這些資源發動媒體爭奪戰——儘管也會受到限制，就像當前許多民主政體對競選資金支持額度的限制一樣。在這種直接民主形式下，他們的影響力要比在代議制中小得多。所以總體上可以認為，少數群體在這種制度下不得不更多地依賴說服、更少地依賴權力和影響力。他們的境況如何，將主要取決於多數派成員是否願意傾聽他們的意見並以改變觀點或尋求妥協的方式作出回應。我還會更簡略地談談協商在民主決策中扮演的關鍵角色。但在此之前，我們需要關注一下政治判斷中的第三個要素，即道德要素。

　　幾乎所有政治決定都會涉及道德原則，而不僅僅是那些所謂的「道德問題」，譬如墮胎或者同性戀合法化。這方面問題可典型表述為一項立法議案是否公平對待了一切個人或群體，或者它是否侵犯了他們的任何權利。對於相關的道德原則，從政階層的成員是否比普通公民擁有任何更深奧的知識？很難說實情如此：人們常說，道德專家是不存在的。事實上在一個民主社會中，可能存在大量關於支配政治生活的基本原則的共識。所以沒有理由認為，如果讓公民直接對事務作決定，他們在道德方面會比選出來代表自己的那些人表現得更糟。

　　可是我們真能把政治判斷的這三個要素分割開來嗎？抑或專業的政治技能恰恰表現在它能夠把相關的

事實信息、關於公民利益和偏好的知識以及道德原則結合起來，以尋找解決政治困境的最佳方案呢？這個富有挑戰性的難題並不那麼簡單。政治決定通常很難作出：它們要求掌握某些複雜的信息，或者對兩種巧妙平衡的道德主張作出評價。必須經常作決定的人常常會在這方面越來越駕輕就熟，但這不是因為他們具備我們其他人所沒有的某種特殊的天賦才能。考慮到他們在仔細思考一個問題時所需要的時間和信息，沒有理由認為普通公眾不會有同樣的表現。有證據可以證明這一點：公民陪審團是一種從普通公眾當中隨機挑選成員的小型委員會，其成立目的在於對諸如衛生政策和交通規劃之類的事務進行討論、提出建議。他們召集具有專業知識的證人提供信息、聽取代表不同觀點的倡議、自行討論這些事務，直至最後給出裁決。其討論之嚴肅周密、結論之合乎情理，給觀察者留下了深刻的印象。

那麼我們如何解釋，民主社會裏的大多數公民在訪談和調查中表現出較低水平的政治知識和政治興趣呢？比較典型的是他們叫不出那些重要政治家們的名字，説不清各主要政黨在政策方面有什麼不同，等等。一種解釋是，當前所實踐的這種民主無法激勵人們去獲取政治知識或技巧。要求他們做的一切，就是每四年或五年進行一次執政黨的選擇，而作這樣的決定並不需要對政治有多少瞭解。理解政策的細枝末節

常常是多此一舉。所以我們面對的是一個雞與蛋的問題。讓普通公眾來作重要的政治決定是有風險的，除非他們具備作出良好判斷的技巧和信息；但是他們沒有獲取這些技巧和信息的動機，除非讓他們有重要的決定可作。

我們是否應該對如下事實感到憂慮：只要普通公民的角色主要局限於在選舉中投票，以及在個人利益受到威脅時的間歇性活動（比如對在自家後院修建新馬路或興建住宅的規劃方案作出反應），我們的民主就仍然是不完善的。我想答案是肯定的。我們的「idiot」（白癡）這個詞來自希臘文 *idiotes*，它本用來描述那些完全停留在私人世界、不去參加城市公共生活的人。如此說來，如今我們大多數人都是白癡，因為我們沒有去操練自己的政治智慧。盧梭認為，把政治權威完全託付給選出來的代表是一種後果堪憂的現代做法：

> 英國人幻想他們是自由的，這是在欺騙自己；事實上，他們只有在選舉議會成員期間是自由的：一旦新的議會當選，他們就重新戴上鎖鏈、什麼都不是了。所以從他們對自己那片刻自由的使用來看，他們活該失去自由。

就算我們認為盧梭誇大其詞，也應該對此感到憂慮：當代民主政體下的大多數公民如此冷漠，甚至對

圖7 讓-雅克‧盧梭，民主哲學家 Musée Antoine Lecuyer,
Saint-Quentin, France. Photo © Bettmann/Corbis

自己選出的領導人的所作所為都不能保持有效的關注。我們需要完善政治參與的形式：要麼在地方層級進行，要麼隨機挑選公眾參加公民評判委員會或其他類似機構；這能讓所有人獲得行使積極公民權的經驗。以這種方式獲得的經驗能夠提升人們的綜合素質，使他們更有可能對政治事務產生持久的興趣。我們發現，民主不是一個要麼全有要麼全無的問題，而是一個把國家事務的終極權威交付給全體人民的持續鬥爭過程。

但是現在我們必須回到多數與少數這個尚未解決的問題上來。儘管簡而言之我們認為民主就是「民治政府」，但在現實中通常是由多數群體來作那些不得不作的決定(實際上選舉經常被選民支持率不到多數的政黨贏得)。既然對將被採納的最好政策都極不可能達成一致同意，那麼多數投票似乎是不可避免的決策方式，然而，我們對最終輸掉的一方該說些什麼呢？

乍看起來他們似乎沒有什麼可以正當抱怨的：無論如何，他們的選票是和多數群體的選票同等計算的，賦予其更大的份量將會破壞政治平等的理念，而我們知道這一理念正是民主自身的基石。但問題還不止於此。特別是在兩種情境下，少數派也許會感到多數統治藝瀆了政治平等。一種我們已經遇到過，即與那些構成少數派的人相比，和多數派一道投票的人受決策影響的程度要小得多，或者受到威脅的利益要少

得多。儘管人數是平等計算的，偏好或利益卻似乎並非如此。第二種情境是，一個群體發現自己在投票中總是屬少數一方。設想一個球類俱樂部擁有大量熱心的網球運動員和少數同樣熱心的壁球運動員，每一次投票決定錢是用來改善網球場還是壁球場，壁球運動員都會失敗。我們會認為這種安排未能公平對待每一個成員，因而其民主程度比不上使壁球運動員有時也能如願的另一種安排。換言之，我們遇到了強烈少數派和持久少數派的問題。

在民主制中這些問題該怎樣處理呢？一般說來我們可以采用兩種應對方式。第一種是設計一部憲法對多數統治的範圍加以限制，以保護少數群體。比如說，這部憲法可以列出每個公民都必須能夠享有的權利，侵犯這些權利之一的法律或政策議案將因違憲而被放棄——這就需要有一個特殊的權威，通常是憲法法院，它有權決定一項正在被考慮或者已經臨時採用的措施有沒有違背憲法。這樣一來，任何少數群體都能確信，無論多數群體作出什麼決定，都不能侵犯自己被寫入憲法的基本權利，哪怕僅僅一項。

諸如此類的安排經常被批評為不民主，因為，比如說，它們賦予一個很小的裁決委員會妨礙明確表達的公民多數意志的權利。但是不難想像，憲法本身是經過民主程序批准的，現實世界中多數憲法都留有修正的餘地，通過憲法修正案通常需要超過簡單多數的

投票者的支持。人們為什麼願意投票通過憲法，對自己將來作出多數決定的權力加以限制呢？他們多半會這樣做，因為他們希望自己的某些權利得到保護，又不能確定自己不會成為不受歡迎的少數派。以宗教自由為例。任何有宗教信仰的人都希望確定自己能安全地踐行自己的宗教主張，即使社會中的多數人都強烈反對其所信仰的那一獨特宗教。很難預測將來哪一種宗教會招致多數人的憤慨，所以把信仰自由寫入憲法，她就能獲得安全感。

另一種保護少數群體的憲政設計，是創設分立的選區來對不同系列的問題作決定。比如這種設計存在於聯邦體制中，在此體制下，地區或省有權就與本地居民特別相關的問題進行立法，而其他決定權仍然保留給中央政府。但是分立的選區不一定要以疆界為基礎，讓我們再次回到使壁球運動員受到不公待遇的球類俱樂部的例子。該問題一個顯而易見的解決辦法是設立兩個分委員會，一個負責網球場，另一個負責壁球設施，給每個分委員會撥付俱樂部的一部分年度預算。通過在與自己最密切相關的問題上轉變為多數，少數群體得到了保護。

但是認為所有的少數群體問題都能通過這種或那種憲政設計加以解決是很天真的。獵狐問題再清楚不過地揭示了這一點。那些想要獵狐的人根本沒法訴諸他們的憲法權利來為自己辯護，因為任何憲法都不可

能寫入不受約束的獵殺動物之權利。下一章我將更詳細地探討如何設法構建一個政府無權侵犯的個人自由領域，但是很容易就能明白其中不會包括狩獵的權利。獵殺動物是否合法無疑應該由多數決定，因為動物福利和保護瀕危物種是與每個人潛在相關的問題。獵狐者極力堅持的觀點也不能這樣來表達，即聲稱獵狐問題的決定權屬於而且只屬他們。在球類俱樂部的例子中很管用的分權策略，在這裏也因為太多相互衝突的攸關利益而難以完全奏效。

所以，儘管憲政設計是保護少數群體免受多數侵害的重要途徑，但一個旨在平等對待所有公民的民主體系必須走得更遠。它必須設法保證多數人在作出最後決定之前充分考慮少數群體所關注的問題，即使是在並不涉及基本權利問題的情況下。這裏的關鍵在於公開討論，雙方都去傾聽對方的觀點，設法找到一種盡可能讓雙方都能接受的解決方案。換句話說，構成多數的人們不是簡單地投票支持在討論之前他們最喜歡的那種方案，而是試圖在傾聽對方的論辯之後再作判斷。有時候他們能找到一種雙方都能接受從而推動事情向前發展的總體性原則。

但是多數群體為什麼應該這樣做呢？通常說來，最終的解決方案會使討論中的多數一方部分地放棄自己最初想要的東西。例如，一開始想完全禁止獵狐的人在聽過辯論之後，也許會接受只要管理得當就應該

允許繼續獵狐的觀點。但如果你這一方是多數的話，為什麼要以這種方式退卻呢？有兩個理由。第一個僅僅是對你的同胞的尊重。就討論中的具體問題而言，也許你完全不贊同他們，但在民主政體下他們的聲音被認為是具有同等價值的，因此你必須傾聽這些聲音後再作決定——如果可能的話，應該找到一種將他們的意見考慮在內的解決方案（有些問題沒有調和的可能，但這樣的問題其實非常少見：即使在譬如墮胎這樣的問題上，在徹底禁止和一旦需要就能自由墮胎之外，仍然存在其他的可能性）。另一個理由是下一次你也許會發現自己成了少數，那時你會希望另一方能夠考慮你的想法。換言之，增進民主文化對你是有利的，在這種文化中多數不是簡單地凌駕於少數之上，而是試圖在作決定時充分考慮他們的利益。

民主已被證明是一件很苛刻的事情。它要求人們對通常很複雜、看起來距離自己的日常生活很遙遠的政治事務懷有興趣，要求他們在決定政治事務時自我克制——尤其是在他們擁有壓制少數群體的權力時避免這樣去做。但是除非我們去反抗——牢牢堅持政治權威最後必須取決於公民整體的理念——否則我們會像洛克警告的那樣，最終被統治我們的獅子所吞食。

關於民主的討論還提出了另外三個問題，它們是以下章節的主要內容。一、存不存在一個應該得到保護、免受即使是民主政府之侵犯的個人自由領域。

二、應不應該賦予某些少數群體以所有公民都享有的憲法權利之外和之上的特殊權利，以保證他們得到公平對待。三、究竟在什麼條件下民主是可能的──尤其是人們什麼時候才能充分相信他人會尊重民主憲法，從而願意在相互尊重的氛圍中討論和決定問題。接下來的一章，我要對其中第一個問題進行討論。

第四章
自由與政府的限度

　　想像一下錫耶納畫家安布羅焦‧洛倫澤蒂通過時間機器來到當今時代，如果徵詢他對本書所包含的政治哲學觀念的看法，我相信他會發現，到目前為止我所說的內容大多是他所熟悉和完全可以接受的。他也許會認為我為無政府主義觀點花去了超出它們所應得的篇幅，也許會發現任何人都應在道義上反對獵殺狐狸的觀點有些奇怪。但是在政治權威的本性、統治者對公民整體負責的必要性以及良好的政治判斷所需的條件等方面，我們會(我希望如此)發現自己具有廣泛的共識。然而洛倫澤蒂將會發現，現在剛開始的這一章更讓人迷惑不解。本章探討的問題是：是否存在這樣一個人類自由的領域，它必須被保持在政治所能達到的範圍之外，即是否存在政府絕對不能干預的人類生活空間。這個理念是我們時代佔據支配地位的政治意識形態 —— 自由主義的核心要素，它在洛倫澤蒂創作的時候還沒有問世。當然，洛倫澤蒂的好政府為民眾留下了相當多的自由：他們在很大程度上可以自由地耕作、從商、狩獵等等。但這並不是關乎原則的問

題，而更多地是由於政府干預這些日常生活空間的能力有限。

有限政府理念的形成經歷了幾個世紀，最初的推動力來自16世紀歐洲宗教改革所引發的宗教衝突。羅馬天主教會對基督教社會中宗教生活的壟斷地位被打破後，最初引起的反應就是每個政治社區都有自己確定的宗教：天主教或者新教。但是宗教派別的增加導致了宗教寬容的必要性：在特定範圍之內，每個人都有權尋找自己通往上帝的道路，國家與這種尋求毫不相干。隨着時間繼續推移，宗教自由的主張進一步擴展為個人自由的要求，即要求承認每個人都有權選擇他自己的信仰和生活方式，只要這些選擇沒有直接侵害他人。特別是18世紀末、19世紀初的浪漫主義運動為所有後人留下了這樣的理念：每個人都是一個獨一無二的個體，只有允許他們自主選擇如何生活，這些個體才能得到真正的實現。這就要求有盡可能大的空間去嘗試新的、不合常規的生活方式——新的職業、新的藝術表現形式、指導人際關係的新方式，等等。就像約翰·斯圖亞特·密爾在他的經典文本《論自由》中所說(我們稍後會看到他的實際建議)：

> 說一切人類存在都應當在某一種或少數幾種模型上
> 構造出來，那是沒有理由的。一個人只要保有一些
> 說得過去的數量的常識和經驗，他自己規劃其存在

的方式總是最好的，不是因為這方式本身算最好，而是因為這是他自己的方式。人不像羊一樣；就是羊，也不是只只一樣而無從辨別的。[1]

自由主義者主張，個人自由具有如此重要的價值，所以無論政府組織得有多好，都必須禁止其干涉個人自由。好政府是不夠的：就算是結構最合理、意圖最良善的政府，也會受到誘惑而闖入個人自由神聖不可侵犯的領地。這就是會讓洛倫澤蒂感到如此奇怪的觀點，也是我在本章所要探討的觀點。

我們還有兩個關鍵問題要問。第一，我們正在談論的自由到底是什麼？說某人自由地做這做那，或者自由地以這種或那種方式生活，意味着什麼？第二，個人自由的限度是什麼？如果我的自由與包括任何他人自由在內的其他政治目標發生衝突，將會怎樣？有沒有一種原則性的方式來解決這個問題？

那就讓我們從自由本身說起吧，這個難以把握的概念已經寫滿了許多政治哲學著作的紙頁。首先我們要說，一個人的自由取決於向她敞開的選擇項的數目，以及她在這些選項中作出選擇的能力。有十個不同工作可供選擇的人，要比只有兩個可選的人擁有更大的自由。當然選擇項的質量也很重要：你也許認為

<hr>

1 本段譯文引自約翰·斯圖亞特·密爾（John Stuart Mill）《論自由》，許寶騤譯，商務印書館1959年版，第79–80頁。

有兩個好工作可供選擇，比起十個低賤的工作來能給你更多的自由，特別是當那些低賤的工作都很相似的時候(街道清潔工、辦公室清潔工、廁所清潔工等等)。所以與其說「可選擇的數目」，也許不如說「可選擇的範圍」，它同時考慮了選項的差異程度和它們的價值大小。說到第二個條件，「選擇的能力」，我們之所以需要它，是因為可能有人雖有選擇餘地卻由於這種或那種原因而無法在其中作出真正的選擇。譬如說，現在為你提供一種選擇，讓你觀看今晚兩場戲劇中的一場，可告訴你的只有對你來說無意義的劇名。你可以隨機挑選一場戲，但在決定自己最想看哪一場的意義上，你並沒有作出選擇。或者設想一個人完全被她的媽媽所支配，總是做媽媽建議的事情。這個人有各種各樣的工作可選，卻總是挑選媽媽推薦的那一個。從某種角度來看她有選擇職業的自由，但從另一種角度來看她卻沒有。

所以我們可以說，自由具有外在的和內在的兩個方面：它取決於世界是否以這樣一種方式來安排，使得一個人有許多扇門向他敞開；但也取決於這個人是否真正有能力選擇從哪扇門經過。不過現在我們需要挖掘得再深一點，看看打開一扇門意味着什麼，作出真正的選擇又意味着什麼。

我們在什麼情況下可以說一個選擇項對於某人是可供選擇的呢？讓我們反過來問一下，什麼時候一個

選擇項是不可用的。最清楚的例子是，被討論的這個人由於身體上的原因而無法作出這項選擇。被捆縛或被投入監獄的人只有極少的自由，因為身體限制不允許他做幾乎所有他本來可以做的事情。有些政治哲學家，包括我們的老朋友霍布斯在內，主張只有身體上的障礙才會限制人們的自由。但對於大多數人來說這似乎是一個非常狹隘的觀點。我們一般認為，當選擇項附着了各種制裁時，它們就變得不可得了。尤其是法律限制了那些受其調控者的自由，因為違反法律的人會受到懲罰。沒有任何身體上的原因阻止我超速駕駛或者打碎鄰居家的窗戶，但要是做了這些事情我很可能會被抓住並受到懲罰，所以我沒有做這些事情的自由。這也適用於私人個體發出的威脅。如果有人威脅說，要是發現我再和他的女友說話就會揍我一頓，那麼（假設這一威脅是認真的）該選擇項對我就不再是敞開的了。

作為削弱自由的阻礙因素，身體上的阻撓和懲罰通常是被人們所接受的。更多的爭論出現在人們由於成本原因而在選擇時卻步的例子中，這裏成本並不呈現為懲罰或某種制裁的形式。就像人們時常提到的那個問題：一個身無分文的人有在昂貴的餐廳，比如說麗茲大飯店，進餐的自由嗎？我們會說「沒有」，因為事實上那個人不可能在裏茲飯店吃飯（至少是在這樣的前提下，即不用承受被人發現沒錢時某些相當可怕

的後果)？或者我們會說「有」，因為唯一對他構成障礙的是他自己缺乏財力，而不是裏茲飯店的主人或任何其他人有意不讓他在那裏吃飯？這不僅僅是一個哲學上的問題，因為如何回答這個問題會影響到我們思考政府與自由之關係的方式。在政府推行的政策中，有一部分是要把資源從一些人手中轉移到另一些人手中——特別是從經濟狀況較好的人轉向經濟狀況較差的人。我們想要知道，這種做法是否增進了受益者的自由，或減損了貢獻者的自由，或二者都不，或二者都是。

所以讓我們來看幾個例子，在這些例子中人們由於成本原因而不能做那些他們本來會選擇去做的事情。我們能不能說，一旦成本達到一個特定的值，人們就不再自由了？這非常簡單：比較一下這樣兩個人，一個中等收入者不能去度一個需要花費一萬英鎊的假期；另一個同樣收入的人需要做手術以緩解痛苦的(儘管不是致殘的)病情，這個手術需要他個人承擔一萬英鎊。我們為什麼說第二個人沒有做他所需要的手術的自由，而在第一個例子中通常會換一種說法——我們會說他有度假的自由，只不過他消費不起？為什麼自由這個術語自然而然地出現在第二個而不是第一個例子中呢？昂貴的假期屬奢侈品，它的分配可以合乎情理地留給市場，在那裏人們選擇自己掙多少錢和怎麼花這些錢。不管我們討論的這個人事實

上能不能通過延長工作時間、更換工作或者削減其他開支掙到一萬英鎊——這個問題是有爭議的——我們都確定無疑地知道，沒有人有任何義務為他提供這個假期。相反，國家有義務確保每個人都得到充分的衛生保健，無論是通過公共衛生服務，還是通過調整健康保險市場以使每個人都能購買適當的額度。所以如果有人為了她所需要的手術而面對一張一萬英鎊的帳單，那麼責任應該算在失職的政府頭上。作出一種選擇的成本會不會對自由構成限制，不僅取決於成本有多大，而且要看成本是如何產生的，以及有沒有其他人應為成本的存在負責。

因此，政府做得越多人民擁有的自由就越少這種廣為接受的觀點是錯誤的。政府有時的確會限制自由，這種限制有時候是無可非議的，有時候並非如此（例如安全帶立法限制了汽車使用者的自由，但大多數人會同意它所挽救的生命證明它是正當的）。但在另一些情況下，政府行為可以增進自由，因為它給人們提供了一些由於成本原因原本不存在的選擇項。我們需要考察一下具體的政策，看看它們有沒有在敞開一些選擇項的時候關閉了其他更重要的選擇項。不幸的是，許多關於「自由社會」的政治修辭從未屈尊考慮這一細節層次。政治哲學家——他們總在追問，我們說一個人在作出特定選擇時是自由的或者不自由的，究竟指的是什麼——能夠幫助我們對政府與個人自由

之間的關係作出更周全、更精準的判斷。這很好地說明了本書第一章關於對當下政治問題進行哲學思考之價值的觀點。

關於自由的內在方面，即一個人在向自己敞開的諸多選項中作出真正選擇的能力，政府能直接去做的事情很少。它有時被稱為「積極自由」，以區別於有不受外部因素妨礙之選擇能力的「消極自由」。這兩種類型的自由被用來相互對比，正如政治哲學家以賽亞·伯林[2]在一次名為「兩種自由概念」的著名演講中所作的。伯林想要突出「積極自由」的危險，他相信這種自由可以被用來證明獨裁主義或極權主義政體(就像斯大林統治下的蘇聯)的正當性，在這種政體下屬民只擁有極少的「消極自由」。但我認為將兩者視為相互補充關係將會更有成效，前面我已經舉例說明，為什麼我們不僅要關注選項的可用性，還要關注真正的選擇。可我們怎麼知道一個選擇何時才是真正的選擇呢？這就更難確定了。

再次從相反的角度來接近這個問題，即詢問什麼情況下的選擇顯然不是真正的選擇，這樣也許會有些幫助。一個相當明確的例子是那些為衝動或癮癖所控制的人們 —— 例如一有機會就忍不住要入店行竊的偷盜癖者，或者不顧一切要得到下一次注射的癮君子。

2　以賽亞·伯林(Isaiah Berlin 1909–1997)，俄裔英國政治思想家，其著名論文《兩種自由概念》已成為當代自由主義的經典文獻。

處於這種境況的人們，在作決定的一瞬間會聽從自己最強烈的渴望，但在事後反思時他們知道這些並不是自己想要的東西。要是揿一下按鈕就可以消除這種衝動或癮癖，他們會這樣做。他們決定竊取一件襯衫或注射一針海洛因，這不是真正的選擇，因為它是由當事人寧可沒有的衝動所激發的。

另一個例子出現在個人選擇為外部力量所決定的情況下，就像那個總是媽媽說什麼她就做什麼的女孩。儘管當事人似乎對自己的決定很滿意——這裏沒有強迫症患者或癮君子的例子中經常出現的內心鬥爭——但我們覺得這些決定並不真正是她的。真正的選擇要求某種獨立性；一個自由的人必須問自己「我真正想要的或真正相信的是什麼」，必須有能力拒絕二手的答案。在這個意義上，當迫使人們遵守普遍習俗或普遍信仰的社會壓力強大到無法抗拒的時候，人們就失去了他們的自由。宗教和政治意識形態都具有這種效果。

我們怎樣才能增進這種內在自由，即作出真正選擇的能力呢？一種辦法是讓人們擁有大量的替代選擇，這樣他們就不大可能想當然地認為某一套信仰或某一種生活方式必然是正確的(相反，想要控制其成員選擇行為的宗教派別和政治體制，會竭盡全力不讓他們看到或經歷任何與其認可的生活方式相悖的東西)。所以一個想增進選擇自由的政府，可以通過鼓勵社會

圖8　以賽亞·伯林，20世紀受到最多關注的自由主義哲學家
Photo by Douglas Glass © J. C. C. Glass

多樣性來做到這一點——讓人們接觸新的生活方式、新的文化形式，等等。這種政策的實際表現之一就是這樣一種教育體制，它鼓勵兒童對自己從父母那裏繼承來的或從社會網絡中吸收來的信仰和價值進行批判性的思考，同時還通過把來自不同社群的兒童安排在共同的學校，使他們接觸到不同的信仰和不同的文化價值。但是和外在自由不同，內在自由是無法由誰來承諾的。有些人天生具有獨立的思想；有些人卻有着順從的天性。政治所能做的一切，就是為那些想要選擇自己人生道路的人提供更多的有利條件。

到目前為止我已經設法解釋了什麼是自由，以及它為什麼在當代社會具有這麼高的價值。現在我想開始探討它的限度。個人自由必須以各種方式加以限制，這應該是不言自明的：每個人的自由都必須受到約束，以便所有人都能享有同等程度的(外部)自由。但是除此之外，還有許多合理的社會目標要求對個人行為施加限制。例如，為了保護自然環境，我們必須制止人們亂扔垃圾、讓廢氣污染空氣、將野生動物棲息地變成房屋不動產，等等。我們在自由與其他價值之間尋求平衡，有時自由不得不作出讓步。但這種平衡應該走多遠？有沒有一塊個人自由的領地是永遠不能被正當侵犯的，無論對這種自由的限制表面上看會帶來多好的結果？

約翰·斯圖亞特·密爾——我已經引用過他的

《論自由》——相信確實存在這樣一塊領地，在那裏自由是神聖不可侵犯的。他說道，如果一個人的行為是「涉己的」，就是說它們不會傷害任何人的利益(除了可能傷害他本人之外)，它們就決不應該受到干涉。密爾認為，這一原則可以證明思想自由、言論自由以及按照自己喜歡的方式去生活的個人自由——怎麼穿着、吃什麼喝什麼、從事什麼文化活動、有什麼樣的性關係、尊奉什麼宗教等等是正當的。(如今我們很熟悉這些觀點，但在密爾寫作的維多利亞時代中期，它們被認為是激進的、事實上甚至是駭人聽聞的。)但是有沒有可能劃出一條洛克想劃的界線呢？真的有這樣一些行為，它們肯定不會對行為執行者之外的任何人造成傷害嗎？

密爾承認，人們確實有可能被由他歸入涉己類的行為所冒犯，諸如奇異的穿着、反常的性行為、好戰的無神論，等等。但他辯稱，被某種東西冒犯不等於被它傷害。傷害是指受到攻擊或威脅、財產遭到破壞或者經濟地位惡化，在密爾眼裏這是一種可以在客觀上加以確定的東西。相反，冒犯依賴於被冒犯者的個人信仰和態度：你也許會被同性戀或說唱音樂所冒犯，但這是因為根據你的個人價值尺度這些行為是錯誤的或不可接受的；而我的反應也許會截然不同。密爾認為，對那些感到被他人行為所冒犯的人來說，最合適的做法是避開冒犯者，甚或設法說服他們改變自

己的方式，但不能以法律或其他手段去阻止這些行為。

但我們可以追問，冒犯與傷害能不能這麼容易地區分開來。假設一位女士在僱員大多為男性的辦公室或工廠裏工作，他們堅持要張貼巨幅裸女海報，這使她感到被冒犯了。結果是她不喜歡上班甚至決定離開。在顯而易見的意義上，她受到了男性僱員明顯是涉己行為的傷害。另一個例子是所謂的「仇恨言論」，即在公開場合對種族或宗教少數派成員所作的惡意評論，這些評論可能使他們被逐出中小學、大學或工作場所，或至少讓他們感到待在那裏很不舒服。這再次說明，眼下只是冒犯性的行為似乎也能間接造成傷害。所以我們面臨一個選擇：要麼將傷害的概念擴展到包括進這些例子，其中涉己行為的範圍將會縮小；要麼堅持只有直接有害的行為才能加以干涉的最初看法，聲稱應該讓人們自由地表達自己，即使其他人感到深受這種表達方式的冒犯。

我們剛剛提到的例子，有三點特別值得注意。首先，認為該行為具有冒犯性不僅僅是一個個人癖好的問題。不管自己對裸體海報有什麼看法，我們應該能夠理解為什麼許多女士認為自己被冒犯了。這和，比方說，由於支持與之競爭的足球隊而反對某人將大衛・碧咸的海報釘在其書桌上，是大不相同的。其次，這種冒犯是無法避免的，除非受害者的行為發生

巨大變化，比如說放棄工作或離開大學。這與以下例子形成了對比：我被鄰居臥室牆上的海報所冒犯——我只要不進他的房屋就可以避免；或者被種族主義報紙上發表的言論所冒犯——我可以不去買它。第三，冒犯行為本身幾乎或者完全沒有積極價值來抵償它所造成的不幸：在工作時必須能看到裸女，或者對黑人和穆斯林大肆辱罵，在任何人關於美好生活的觀念中都不是必不可少的一部分。(我不否認少數人也許非常想做這些事情；但問題是，禁止他們這樣做會有什麼損失呢？)儘管表達自由很重要，可並非所有的表達都應具有相同的價值。允許人們自由敬神、參與政治辯論、在藝術上表達自己等等，是極其重要的；允許他們在工作場所張貼海報、呼喊粗野的種族主義口號，則是極不重要的。

所以和密爾的涉己行為決不能受到干涉的簡單原則不同，我們也許會發現自己需要作出更複雜的判斷，需要權衡不同類型行為的價值與它們可能強求他人承擔的代價，以及避免這些代價的難易程度。

現在我要轉向密爾原則中存在的另一個問題：除行為者本人之外對任何人都沒有直接影響的行為方式，仍然可能對其他人造成遠期後果，因為它們削弱了行為者貢獻於社會的能力或者製造了需要他人來承擔的代價。比如說，成為酗酒者的人可能無法維持穩定的工作；(即使只在自己家裏)大量吸煙的人更有可能

罹患肺癌或心臟病，從而需要以公共利益為代價來進行治療。所以，問題在於我們應不應該把這些行為看作是完全涉己的，進而以個人自由的名義加以保護。

　　密爾考慮到了酗酒的例子，認為在兩種情況下飲酒不再是完全涉己的：當事人承擔了某項在酒精影響下不能很好完成的工作或任務時；當事人在飲酒後有暴力傾向時。但是如果飲酒的後果僅限於使當事人所能作的貢獻比不飲酒時更少，社會是無權阻止這種行為的。對於兒童，可以用社會責任感來教育他們，以酒精的危險性來警告他們，等等。可是對成人來說，堅持自由具有至高無上的重要性，即使整個社會要因此受損。

　　這裏我們之所以不願追隨密爾，原因之一是自他寫作的時代以來，國家已經對自己的公民承擔了範圍廣泛得多的責任，所以它不得不支付更多顯然是涉己行為所產生的成本。在密爾寫作《論自由》的時候沒有公共衛生服務，沒有國民教育體系或窮人收入保障體系，沒有公共住房供給，等等。在很大程度上，那些損害自己健康或者使自己無法勝任工作的人必須自己承擔這些代價，或者求助於有權對受其資助者施加限制條件的當地慈善組織。問題是密爾的原則在福利國家的背景下是否仍然有意義 —— 福利國家有義務在稅收的資金支持下為每個人提供最低收入保障、教育、衛生保健和住房供給。在這種背景下，人們應不

圖10　約翰‧斯圖亞特‧密爾，功利主義者、女性主義者、自由的辯護者 © Corbis

應該有作貢獻和避免不必要地依賴福利措施的強制性社會義務呢？

這是當今政治領域最有爭議的問題之一。我們也許能為自己找到一個最終贊同密爾的理由，即一旦放棄他的自由原則，我們似乎就無法得出一個明確的結論。比如說，國家應不應該給人們規定一種健康的飲食？應不應該強迫他們進行有規律的鍛煉？應不應該制止他們從事有危險的體育運動？這些措施中的任何一項都將大大削減公共衛生保健的開支，但我們依然認為它們對私人生活的侵犯超出了可以容忍的程度。在這樣的例子中，我們也許會論定，國家可以合法地要求登山者或從事極限運動者為自己購買保險；它有重要的角色要去擔當，即教育人們（包括成人在內），當他們抽煙、喝酒、吃高脂肪食物、花太多閒暇時間趴在電視機前等等的時候要冒什麼樣的風險；可它依然不能制止他們做這些事情。如密爾所說，「為了人類自由這更大的善，這種麻煩是社會所能承受得起的。」

密爾對相對於國家的自由的捍衛，涉及到劃定一個人們可以完全自由、隨心所欲的私人活動領域。我們已經審視了該觀點存在的某些問題，當我們在第六章考察女性主義者反對受保護的私人領域的主張時，還會遇到更多。所以現在，我想探討一種以個人自由的名義限制國家去做某些事情的不同方式。這就是每

個人都有一組人權、政府絕對不能侵犯的觀點。

自1948年聯合國簽署《世界人權宣言》以來，人權觀念的影響持續上升。該宣言列了一個長長的權利清單，所有簽字國家都承諾要尊重本國公民的這些權利。不過這一概念本身可以更遠地追溯到在自由主義政治哲學發展的早期階段扮演核心角色的自然權利觀念。例如約翰‧洛克聲稱，至少所有男性（他是否有意將女性排除在外仍然存在爭議）都對生命、自由和財產擁有自然權利，當通過社會契約成立國家的時候，國家必須承諾保護這些權利作為獲得政治權威的前提條件。《世界人權宣言》列出的權利範圍要廣泛得多，除了直接保護自由的權利——諸如自由遷徙、自由敬神、自由結婚的權利之外，還包括為人們提供物質福利的其他權利，譬如工作的權利、達到適當生活標準的權利以及受教育的權利。不過從本章前面部分對自由的分析來看，這些權利也可以被視為保護個人自由的手段，因為它們能確保選擇項對於個人來說是可得的，否則這些選項就會由於物質資源的缺乏而不可企及。

人權視角不去追問人的某種行為會不會對他人造成潛在的傷害，相反它着眼於行為人本身，追問我們能不能確認某些特定的條件，沒有這些條件人們就無法過上體面的人的生活。它試圖在什麼是人類最佳生活方式的問題上保持中立——這並不是說做一個宗教

信徒、政治活動家、藝術家、農夫或者家庭主婦是否更有價值，但它宣稱所有這些生活方式都需要受人權保護的前提條件。某些條件是完全沒有爭議的：沒有思想、交流、遷徙的自由，沒有充足的食物和住所，沒有與他人建立私人和職業關係的機會等等，就沒有人能夠過上體面的生活。但是出現在標準人權清單(包括最初的聯合國宣言)上的另一些項目卻更成問題。這些權利也許是我們在自己所屬的社會中樂觀其成的——尤其當我們是自由主義者時，但我們也會懷疑它們是否真的在所有類型的人類生活中都不可或缺。

讓我們看兩個例子。首先是「思想、良知和宗教」自由的權利，按照聯合國宣言的寬泛解釋，它們包括改變宗教信仰的自由、在公開或私人場合踐行任何宗教教義的自由。既然宗教信仰和實踐是人類存在的普遍特徵，我們也許會同意每個人都應該享有敬神、閱讀宗教文本之類的機會。但是他們能不受限制地選擇踐行何種教義嗎？應不應該允許他們勸誘改宗(試圖讓信奉另一種宗教的人改變信仰)呢？國家必須平等對待所有宗教，還是可以讓其中之一享有國教的特權呢？在自由主義社會中，我們所討論的這種權利通常會得到有力的闡釋，對所有這些問題都要求作出肯定的回答。可是其他社會所承認的是一種遠為有限的權利，很難證明這些社會中的人類生活因此就更不體面。

其次，聯合國宣言包含了堅決的政治參與權利。它聲稱人人都有權參加本國政府，進而說明這需要實行定期選舉、落實普遍而平等的選舉權、採取秘密投票或類似的做法。這又是一項自由主義者會表示讚賞的權利，如我們在上一章所見，人們希望行使權力者以民主的方式向全體人民負責是很有道理的。但如果談論的是人權，我們必須要問這種權利是否真是體面的人類生活所不可或缺的要件。人類社會已在此類民主權利缺席的情況下存在了數千年，儘管按照我們的標準它們並不完美，卻很難斷言它們一概沒有為其成員提供差強人意的生活條件。

換句話說，我們需要把通常所理解的人權區分為兩種類型。有為數很少的幾種權利，我們可以帶着幾分自信地說無論人類如何選擇自己的獨特生活方式，擁有它們都是至關重要的。剝奪了這些權利，他們的生活就會受到束縛和阻礙而不再是完整屬人的。還有大量的權利，我們相信每個公民都有權享有，它們為一個治理良好的社會提供了參數。然而這個更長的清單會出現不同的版本，要看由誰來編定。自由主義社會所喜愛的版本，也許和具有不同文化背景的社會如伊斯蘭社會或具有儒家或佛教傳統的東亞社會有所差別。所以我們可以得出結論：只出現在某一較長清單而不見於較短清單的那些權利，在嚴格意義上不能被稱為人權。1789年法國革命者在制定其原則性聲明

時，把它稱作《人權與公民權宣言》。遵循這種做法，我們可以把屬較長清單的權利稱為公民權，意思是這些權利在我們的政治社群內應被承認為基本的個人保護措施——其他社群則有一套不同的權利佔據優勢，與我們的權利有重疊之處卻不盡相同。

我在本章開頭指出，關於政府無論如何都不能侵入的個人自由領域的觀念，已在自由主義社會中變得根深蒂固。可我們發現這個觀念其實是很成問題的。一旦開始考察自由的真正含義是什麼，我們就會看到在許多情況下沒有政府的積極行為人們就無法享有自由，因為前者提供了使選項開放所需的資源和人們作出自由而明智的選擇所需的條件。我們還發現沒有一個簡單的方法來界定「涉己」行為的領域，除了領域內的個人之外它與任何人都毫不相干。最後我們還發現，以人權為參數來設定觀察政府的絕對標準，只有在局限於短小和基本的人權清單時才是可行的。更長的公民權清單在不同的社會中將合理地存在差別，這意味着它是一個合適的政治辯論主題。某一時期似乎不可或缺的權利，隨後也許會被證明有害於社會(美國的國父們想要確保能夠隨時召集民兵以保衛國家，所以憲法第二修正案賦予每個美國公民持有武器的權利——現在這項權利使立法者難以採取任何有效措施來控制手槍的擴散)。

因此，自由雖是一種非常重要的政治價值，但這

種重要性不足以對政治權威的行使施加絕對限制。尤其是在一個民主政體中，關於利用資源以增進自由、關於自由與社會責任、關於所有公民都應享有的權利等問題都將得到公開辯論，人們在回答這些問題時可以訴諸許多不同的原則——平等、公正、公共利益、對自然的尊重、對文化的保護，等等。隨着這些辯論的進行，某些自由會被挑選出來奉為基本權利，也許會被寫入成文憲法。但這決不會是最後的結論：隨着社會的變遷，隨着新需要和新問題的出現，自由本身的形狀也會發生變化。即使在二十年前，誰能想像互聯網接入、電子監控或基因所有權會很快佔據關於個人自由之辯論的中心舞台呢？誰又能預言哪些新問題將在未來二十年間取代它們的地位呢？

第五章
正義

　　由於我們在前面章節中已知的原因，洛倫澤蒂的《好政府與壞政府的寓言》沒有為自由之神提供一席之地，可正義卻出現了不是一次而是兩次。她是環繞在良善統治者身邊的美德之一，可她又單獨出現在壁畫的最核心部位，即獨自端坐在分別代表好政府和壞政府的兩組形象之間的那個莊嚴的人物。洛倫澤蒂為什麼要畫兩次正義呢？我想他是要表達這樣的觀點，即正義不僅僅是統治者應該具備的一種美德：它首先是把眾多個人整合為一個政治共同體的制度的根基。洛倫澤蒂的這位主要人物手持一對天平，每個天平上都有一根繩子下垂到和諧之神那裏；和諧之神又把它們編成一根更粗的繩子，穿過那一長串公民最後到達統治者手中。洛倫澤蒂是在暗示，正義使公民相互結合起來，進而把所有公民與政府連為一體。他這樣做是在追隨一種延續已久的傳統，這種傳統認為正義佔據着政治權威正當性的中心位置。如聖奧古斯丁[1]在此

1　聖奧古斯丁（St Augustine 354–430），著名神學家、哲學家，代表作為《上帝之城》。

畫創作的近千年之前所問，「如果拿走了正義，那麼除了強盜的大聯合，王國還能是什麼呢？」

說正義對於好政府來說極其重要是一回事，說正義究竟意味着什麼則完全是另一回事，此即整個這一章我們要探討的問題。有一件事情我們可以肯定，就是答案不會簡單。洛倫澤蒂畫中的人物告訴了我們這一點。一個天平上站着代表分配正義的天使，她一邊用劍斬去作惡者的頭顱，一邊將王冠戴在值得嘉獎者的頭上。另一個天平上站着交換正義（天使），她似乎正指導兩個商人進行交易，大概是在確保金屬製造工的長矛和織布工的一包布料具有同等的價值。

所以正義與懲罰和獎賞有關，也與平等有關，可我們該如何定義它呢？一個非常古老的定義是由羅馬皇帝查士丁尼給出的，認為「正義是償付每人應得之物的永恆不變的意志」。就其本身而言，這個定義似乎沒有提供多少信息，但至少它確實為我們指出了正確的方向。首先，它強調正義關乎每個作為個體的人得到正確對待，而不是社會整體富庶還是貧窮、文化豐富還是貧瘠之類的問題。這並不是說群體正義的概念可以完全丟到一邊——我們將在下一章更周密地探討這個問題——而是說正義首先關注的是如何對待個人。其次，定義中「永恆不變的意志」這一部分提醒我們，正義的一個核心義項是人們決不能受到任意武斷的對待：對待同一個人的方式必須具有時間上的

圖11　洛倫澤蒂畫作《好政府和壞政府的寓言》中的正義之神　Palazzo
Pubblico, Siena. Photo © Archivio Iconografico S.A./Corbis

連貫性，也必須在不同的人之間具有一致性，從而如果我和我的朋友具有同樣的品質或以同樣的方式行事，我們視情形而定會得到同樣的利益或受到同樣的懲罰。

正義要求對待的一致性這一事實，解釋了為什麼公正行事經常體現在遵守規則或運用法律上，因為它們通過規定具體情況下可以做什麼保證了一致性。可是對正義來說僅有一致性是不夠的，如果設想一條規則要求處死所有紅頭髮的人，或者要求所有名字以「D」開頭的人按雙倍稅率交稅，我們就能明白這一點。這些例子表明的是正義要求適當性；如果人們將要受到各不相同的對待，就必須建立在與這種對待相當的理由之上。這也意味着如果沒有區別對待的適當理由，正義要求的就是平等：應該以同樣的方式來對待每一個人。實踐中在多大程度上要求平等對待仍然有待考察，但現在我們有了除單純一致性之外正義的第二個要素：正義要求人們得到平等對待，除非有適當的理由區別對待他們。

我們還可以增加第三個核心要素：比例的概念。它告訴我們，當人們由於適當的理由受到區別對待時，他們所得的對待應該與他們所做的事情、所具有的品質成比例，這證明了不平等的正當性。例如許多人相信，如果人們努力工作，就有適當的理由給他們更多的報酬。但是就正義而言還必須符合比例：如果

史密斯的工作產出是瓊斯的兩倍，他就應該得到兩倍而不是十倍於瓊斯的報酬。

我們已經從查士丁尼的公式中得出了許多關於正義的信息，但我們仍然不能準確地說出在正義問題上人們應該得到的是什麼，以及我們有什麼理由(如果有的話)證明區別對待他們是正當的。這些問題其實沒有簡單的答案。部分原因在於具體而言人們對正義要求什麼常常存在分歧；但也是因為任何人給出的答案都在很大程度上取決於由什麼人在什麼情境下給予什麼樣的對待。在極大程度上，我們的正義概念是由語境決定的，也就是說在確定一種規則或決定是否公正之前，我們必須充分瞭解它所適用的環境。讓我來舉例說明。

假設給我一百英鎊，要在站在我面前要求分得其中一份的五個人中間分配。正義要求我該怎麼做呢？到目前為止還很少：它告訴我應該一致地對待他們，假如區別對待的話應該有適當的理由，另外我的分配應該是成比例的。現在讓我們以不同的方式把現實背景添加進來，看看會有哪些分配方式。這五個人也許是我的僱員，一百英鎊是他們本週掙的津貼，在這種情況下我應該考慮每個人對我們的共同事業所作的貢獻，按照比例給予獎勵。或者我是一名救濟工作者，得到現金去幫助饑餓的人購買食物，這時我應該設法估算五個人的相對需要是什麼，給需求量大的人以更

多的錢。又或者這一百英鎊是一次論文競賽提供的獎金，在這種情況下正義要求我把錢全部交給提交了最佳論文的那個人。還可能這一百英鎊是一小筆彩票收益，這五個人和我都是團體購買的成員，此時這筆錢顯然應該由我們平分。

我猜想大多數讀者會發現，我對這筆錢在不同情況下應該如何分配的提議多少是不言自明的，它所表明的是，儘管公正對待是一件複雜的事情，但我們對它在實踐中所涉及的問題已經具有很好的直覺把握。正義不大像測量桿，而更像是一隻工具箱：面對任務——作出一個決定或運用一項規則時，我們在多數情況下都知道該拿出和使用哪一樣工具。更難的是用一般原則來表達這種知識，即創造一種正義的理論。但是作為政治哲學家，我們需要拓展理論，因為會出現我們的直覺發生衝突或者完全耗盡的情形。當我們必須考慮社會正義——這種正義不僅存在於個人之間，而且貫穿了整個社會——的有關問題時，情況尤其如此。我將在本章稍後探討這個富有爭議的概念。不過我們首先要考察正義的一般原則，即使在上述那樣的簡單例子中我們也要運用這些原則。

首先需要注意的是，正義常常不僅與人們受到的對待有關，而且與達到這種結果的程序有關。想想刑事審判我們就能明白這一點。讓有罪者受到與罪行相稱的懲罰、讓無罪者得到釋放無疑是很重要的——這

是正義的結果所要求的——但作出一項裁定的適當程序也很重要，比如允許雙方陳述自己的案情，比如法官沒有既定的利益可能使他偏向一邊或另一邊，等等。這些程序之所以重要，部分是因為它們往往能確保作出正確的裁決，但在此之外和之上，也是因為它們顯示了對接受審判者的適當尊重，這些人希望有機會陳述自己的案情，希望對自己適用和其他被告同樣的規則，等等。設想一位武斷的法官根據杯中的茶葉渣來判決每一件案子，再設想有一天他作的所有裁決碰巧都是對的：這時正義得到伸張了嗎？被告是不會這麼想的(事實上研究表明，在這樣的情形下人們對適用公正程序的關注要比對實際判決結果的關注更為強烈)，我們也不該這麼想。

在某些例子中，正義完全是用來作決斷的程序問題——我們沒有獨立的標準可以適用於檢驗結果。比如有一項骯髒或者危險的工作需要完成，又沒有理由讓任何特定的人去做(比如具有專門技巧的人)，我們可以抽籤選出一個人，這個程序是公正的，因為每個人都有相同的概率被選中。或者一個團隊需要選出一位隊長，可以用投票的方式來決定——這也是一個公正的程序，因為每個人的偏好都得到了同等的考慮。有時候諸如此類的程序會用來決定更重大的問題——比如用隨機方式決定誰被徵召入伍或者挑選政治職位的執掌者——但一般說來，我們不願從純粹程序的角

度來理解正義。我們想要這樣的程序，它們所產生的結果不是完全隨機的，而是更實質意義上的公正。

那麼，我們應該用什麼原則來確定結果何時是公正的呢？按照前文所說的正義的核心概念，一個明顯的備選原則是平等——每個人都得到我們所分配物品的同等份額。這是我們在彩票收益的例子中採用的原則，它更廣泛地適用於某種利益有待分配或某種成本需要分攤、又沒有任何相關因素能讓我們在可能的接受者之間作出區分的場合。在這些場合實行平等分配有兩個理由：一個是，在沒有恰當理由區別對待的情況下，分配利益或成本的任何其他方式都必定是武斷的；另一個是通過利益和成本的平等分配，我們可能給所有人帶來更多的好處。回到我們最初的例子，假設我對要求得到這一百英鎊的五個人一無所知，又必須決定是把它全部交給隨機選出的一個人，還是讓五個人平均分得。從程序上看兩種選擇都是公正的，不過第二種結果也許更加優越，因為在其他因素完全相同的情況下，得到的第一個二十英鎊對一個人的價值要大於額外的增加值。比如，假設證明這五個人快要餓死了，那麼如果我把全部一百英鎊都給了一個人，另外四個人就會死去。當然也存在完全相反的情形——需要一百英鎊才能活下去，二十英鎊是不管用的。如果我知道這一點，就應該隨機選出一個人，因為這至少能給每個人五分之一的機會存活下來。但這

樣的情形屬例外。一般說來，平等分配利益和成本的做法更加優越——通過盡可能廣泛地分攤，我們減少了任何人承受過糟境遇的可能性。

因此，公正分配的原則之一就是平等，有些政治哲學家聲稱它是唯一的原則——一切正義都是一種平等。但我相信這種說法混淆了兩種原則，一是包含在正義自身定義當中的形式原則，即人們應該得到平等對待，除非他們之間存在適當的差別；一是讓每個人在事實上得到利益和成本的相同份額的實質原則。因為在人們之間總是存在適當的差別。比如在懲罰的例子中就非常清楚：沒有人會認為每個人不管怎樣都該受到同等的懲罰，無論是無罪還是有罪，是違章停車還是連續殺人。這同樣適用於利益的分配。

不以同樣方式對待人們的一個恰當理由是他們具有不同的需求。沒有人會反對為饑餓者或生病者提供比營養狀況和健康狀況良好的人更多的資源，至少只要他們不是因為自己不負責任的行為而造成這些需求的。但並不是每個人都同意這是正義所要求的。長期以來的傳統認為，幫助貧困者是一個慈善問題，這意味着它是應該鼓勵而非要求人們去做的事情。洛倫澤蒂幾乎會確定無疑地採納這種觀點。他的正義諸神中也沒有一個表現出任何向窮人施捨的傾向。這項工作是留給寬厚之神的，她坐在那裏，膝上放着一個裝有金幣的託盤，等窮人出現時予以分發。但是當國家開

始承擔原本保留給更小的社群 —— 宗教社群、工匠行會和其他類似機構 —— 的責任時，需求就變成了社會正義觀念的一個重要元素。人們期待國家能保證每個公民都有足夠的收入以滿足基本的衣食之需，得到足夠的醫療保障，等等。

但是有沒有可能將真正的需求同人們可能以正義之名義提出的其他要求區分開來呢？有些批評者認為需求是一種黑洞，如果聲稱正義要求我們滿足這些需求，那所有的社會資源都有可能消失在這個黑洞中。那麼處於需求狀態是什麼意思呢？它意味着缺乏某種必需之物，而什麼是必需的則部分取決於你所屬社會的一般標準。某些需要是普遍的，因為它們涉及到對整個人類都至關重要的身體能力 —— 人們需要每天攝入許多卡路里以保證足夠的營養，如果不想感染疾病就需要得到乾淨的水，等等。但另一些需求是更多樣的，因為它們取決於個人所在的社會有什麼樣的期待。每個人都需要足夠的衣服，可是怎樣才算足夠的衣服各地並不相同。每個人都應該具有流動性 —— 有能力從一地遷往另一地 —— 可是流動性大小和採取的形式也將各不相同。所以需求是這樣一組要求，個人要在其所屬的社會中過上體面的生活，就必須滿足這些要求。它們在某種程度上具有社會相對性，卻並不像批評者所說的那樣是完全主觀的。在經濟發達的社會，完全可能滿足每個公民的真正需求，而且仍有大

量資源可用於其他的目的 —— 事實上這些社會擁有充足的資源來滿足(特定地區內)任何地方的需要，只要存在這樣的政治意願。

如果說不同的需要是從一個方向偏離平等的適當理由，那麼不同的賞罰或功過則沿另一個方向帶我們離開了平等。我們仍然要問，應該得到某物指的是什麼？它是指按照一種方式行事，這種方式要求根據你的所作所為選擇特定的對待模式。如果某人的行為被認為在某種意義上值得讚許，比如為一項有利於他人的事業貢獻時間、作出努力，他就應該得到有利於己的對待 —— 酬勞、收入、獎金等；如果其行為是值得譴責的，比如涉及傷害他人，則應該得到不利於己的對待 —— 譴責或者懲罰。賞罰的基礎因場合而各不相同，所以我們無法更具體地說某人必須做什麼事才值得獎賞或應得懲罰。但是強調賞罰與責任之間的聯繫是有價值的。我們應該得到什麼必須取決於我們對之負有責任的行動或表現，所以某人可以通過，比如說，證明自己對造成傷害的行為不負有責任 —— 例如在行為發生時他是被迫的，或者他是精神錯亂的 —— 來逃避懲罰。在積極的方面，我們同樣不能要求把自己並非有意的和無法預料的行為的結果歸功於己。如果我救了一個陌生人的命，我應該得到某種獎賞 —— 至少是衷心的感謝 —— 可要是我在街上匆匆前行時將他粗暴地推開，湊巧使刺客的子彈未能擊中目標，我

就不該得到任何這種獎賞。救他的命不是我意圖的一部分，所以我不能聲稱於此有份。

賞罰在大多數人們對正義的理解中都是核心內容，但是和需求原則一樣，它也受到來自不同方面的攻擊。批評者常常斷言它太容易被用來證明收入和財富嚴重不平等的正當性。毫無疑問，高收入者會急於聲稱自己對社會的貢獻如此之大，他們的薪水並未超出對自己行為的適當回報。儘管如此，或許這不僅是一個賞罰本身的概念問題，更是找到評估貢獻大小的準確手段的問題。更具哲學意味的反對意見認為，從嚴格意義上講人們從來不會對自己的行為真正負有責任，而這是證明賞罰要求之正當性所必須的。考察一個人行為背後的因素，你會發現延伸到個人本身之外的一長串動因。她生來就有特定的能力和性格傾向，包括選擇以這種方式而不是那種方式行事的傾向，還具有家庭灌輸而來的其他傾向，所以任何對其好行為的「讚許」或對壞行為的「指責」其實都應該直接指向她的基因和她的父母。對賞罰的這種反對意見，提出了我在這裏無法解決的關於個人責任的基本問題，但我想有必要注意，在分配時完全忽略這方面的考慮會顯得多麼極端。如果我們完全停止讚許或指責、獎勵或懲罰他人，我們的社會互動就會發生根本性的變化──事實上我們將根本無法把他們當人一樣對待。一旦承認這一點，我們就能看到，真正的問題不是賞

罰應否在我們對正義的理解方式中扮演任何角色，而是它應該扮演多大的角色。尤其是，應該在多大程度上允許它決定對收入、財富之類物質資源的分配。

需求和賞罰給了我們兩個基本理由來說明正義何以能要求我們對人們區別對待。還有一些不那麼基本的理由。例如，人們常常會合理地期待自己得到某種與需求或賞罰無關的對待，有時正義會要求我們尊重這些期待。承諾和契約就是明顯的例子。回到我前面所舉的例子，也許我遇到的是這樣一種情形，即我承諾將一百英鎊給五人中間的一個，這時承諾就構成了把整筆錢都給他的充分理由。另一組可能證明特殊對待之正當性的理由包括歸還或補償。曾被不正當剝奪了本歸其所有的利益的人，有權要求將此利益歸還給他；在無法歸還時，則有權要求得到同等價值的其他事物作為補償。（我將這些理由描述為不那麼基本的理由，是因為它們預先假定這些期待是在已經足夠公正的現實情形中形成的。）我們再次看到，行使正義是一件複雜的事情，怎樣才算給某人應得之物在很大程度上是由實際情形決定的。

目前為止我一直在考察一般意義上的正義，並未具體考慮政府在促進正義方面所扮演的角色。本章剩下的篇幅，我想要探討社會正義的觀念，依此觀念我們將能夠落實一套確保利益與成本在全社會公平分配的社會和政治制度。這種觀念最初出現於19世紀後

期，並在整個20世紀佔據了政治辯論的中心。它要求國家比先前的國家（即使其成員曾希望如此）更多地涉足分配問題。這也是一個有爭議的觀念：雖然只有少數的極端懷疑論者對這樣的正義觀念進行攻擊，社會正義卻受到了主要是自由主義右派批評者的嘲笑，他們認為社會正義是對個人自由的侵蝕，尤其是對為市場經濟所必需的經濟自由的侵蝕。

讓我們更周密地考察一下對社會正義的攻擊。像奧地利經濟學家和哲學家弗里德里希·哈耶克[2]這樣的批評者認為，首先僅僅談論社會正義就已經犯了根本性的錯誤。對哈耶克來說，正義從根本上講是一種個人行為的屬性：如果一種行為違反了社會賴以使其成員相互合作的普遍規則，它就是不公正的——比如說盜竊是不公正的，因為它違反了保護財產的規則。但如果我們看一看資源——金錢、財產、就業機會等——是怎樣在社會中分配的，就無法將這種分配描述為公正的或不公正的，因為它不是產生於單一主體的行為或選擇，而是產生於千百萬個別的人的行為和選擇，其中沒有任何人打算創造出這種或那種特定的分配結果。

考慮到當今世界中任何社會都具有的複雜性，哈耶克指出「社會分配」不能歸結於任何單一的分配主

2　弗里德里希·哈耶克(Friedrich Hayek 1899–1992)，出生於奧地利的英國自由主義經濟學家、政治哲學家，1974年獲諾貝爾經濟學獎。

體無疑是正確的。但他所忽略的是，我們在自己身邊觀察到的分配模式，在總體框架方面有賴於我們有意無意創造出來的制度——比如管理財產和契約的主導規則，稅收體系，用於衛生保健、教育和住房的公共開支的水平，就業政策，等等。這些制度都能由政治決策加以改變，所以如果我們聽之任之，就相當於作出了接受現有資源分配方式的決定。而且，我們能在總體輪廓方面(如果不是在準確細節上的話)弄清計劃中的制度變革將會產生什麼影響。就此而言，在民主政體下，社會中的資源分配——誰得到什麼利益，收入分佈的範圍有多廣，等等——是某種我們的集體控制力所能及的事情。因此，完全有理由追問社會資源的公平分配看起來是怎樣的，即追問社會正義要求我們做什麼。但這並不是說社會正義是我們應該去追求的某種東西。哈耶克的第二項主張是，試圖讓資源分配符合我們所贊成的分配正義原則，我們就會破壞經濟自由，這是在殺雞取卵。讓我們假定哈耶克的如下主張是正確的：市場經濟是組織生產和交換的最有效的形式，任何替代選擇都會導致經濟發達社會的生活水平出現無法忍受的降低。問題在於，追求社會正義是否意味着放棄市場經濟，還是有可能通過市場經濟去追求這一目標，儘管這種市場經濟是以正確的方式形成的，同時還有配套的制度在發揮作用。

這裏我們需要看看對社會正義觀念的不同闡釋方

式。最激進的版本將社會正義簡化為平等原則和需求原則，馬克思主義者和我們在第二章遇到過的某些社群主義無政府主義者採納的就是這種版本。按照這種觀點，公正的社會就是每個社會成員都盡其所能地作貢獻，但資源是根據需要來分配的，剩餘的資源則平等分享。這裏容不下人們需要激勵、應該為自己所作貢獻得到物質獎勵的觀點。這樣的社會能夠存在嗎？在很小的規模下無疑是能夠的。我們有許多社群的例子，其成員以這種極端形式在他們中間實踐社會正義。這些社群大多具有宗教基礎，依靠宗教權威維持這樣一種價值觀，即每個成員都為社群的共同利益而工作，不期待任何個人的獎賞。但也有一些實現了同樣目標的世俗社群的例子，最值得注意的是以色列的集體農場。這些社群至少在其內部是無需市場的。它們依靠有時被稱為「道德激勵」的東西——人們作貢獻既是因為他們確實相信應該這樣做，也是由於他們感受到了鄰居注視自己的目光。

問題是在大型社會中能否以這種方式實行社會正義。可以在小社群中出現的人們行為間的非正式協作，在這裏似乎難以發生：經濟要麼以市場為基礎，人們得到激勵去生產他人想要消費的資源；要麼是國家導向的，由中央權威計劃生產什麼產品並根據計劃指導個人行為。儘管在理論上可以設想不依靠物質激勵的市場經濟或中央計劃經濟，但在現實中已證明這

是不可能實現的(20世紀中期，中國和古巴等共產主義政權曾試圖以道德激勵替代物質激勵，但都算不上成功的試驗)。用激進的方式追求社會正義，看來的確要求放棄市場，要求在相當不同的社群主義基礎上對社會加以重構。

但是還有一種不那麼激進的社會正義觀，它為許多民主社會主義者和當代自由主義者所信奉。按照這種觀點，社會正義要求對某些社會利益進行平等分配，尤其是投票和言論自由之類的平等公民權。它又要求某些利益的分配以需求為基礎，以保證每個人都得到足夠的收入，得到住房和衛生保健，等等。但它也容許其他資源的不平等分配，條件是人們擁有設法獲取更大份額的平等機會。這些不平等可以用應得的觀點來證明其正當性，也可以這樣來證明：為人們提供物質激勵以促使他們努力工作、創造他人所需的物品和服務，可以使每個社會成員都從中受益。

約翰‧羅爾斯(John Rawls)對這種社會正義所作的闡釋也許是最具影響力的。他在《正義論》一書中提出，一個公正的社會必須滿足三個條件。首先，它必須給每個成員一組最廣泛的基本自由(包括投票權之類的政治自由)，這些自由與其他人所獲的同樣自由是一致的。其次，具有更多優勢的職位 —— 例如報酬更高的工作，必須在機會平等的基礎上向所有人開放。第三，收入和財富的不平等，只有在證明有利於社會中

最少受惠者的利益時才是正當的：也就是說，它們為提高社會總體生產率提供了激勵，從而允許更多的資源向社會底層人群流動。

羅爾斯的社會正義理論明確為市場經濟留出了空間：他所闡述的第三個原則預留了這樣的可能性，即要想使人們有足夠的動力去努力工作和以最有效的方式發揮自己的才能，恐怕得讓他們保留至少一部分通過為市場提供物品和服務所獲得的利潤。這動搖了哈耶克社會正義與市場自由兩種目標相互衝突的看法的基礎。另一方面，按羅爾斯式原則所施行的市場經濟，看起來會和今天大多數自由民主政體中存在的經濟體系很不相同。

首先，羅爾斯的機會平等思想是相當極端的。僅僅在決定人選時將優越的職位賦予那些證明自己更有資格勝任的人是不夠的。還必須保證申請者有平等的機會使自己變得勝任，這意味着從出生的那一刻起，具有相同天賦和相同動機的人都應該在學校和其他地方得到相同的機會。這項條件顯然與任何既存社會的現實相去甚遠。不僅如此，羅爾斯的第三個原則(通常被稱為「差別原則」)只有在證明有利於處境最差者的情況下才容許不平等。這在實踐中將意味着政府應該調整稅率，以便不斷地對利益進行從富人到窮人的再分配，直至達到處境較好者的效率開始下降、稅收的回報也隨之降低的臨界點。儘管大多數民主國家的稅

圖12 約翰・羅爾斯，影響極大的《正義論》的作者
Private collection

收體制多少具有再分配性質，卻都遠遠達不到這一要求。它們的徵稅方式能保證為所有公民提供足夠的福利水平，但沒有一個政府像某位前勞動部長丹尼斯‧希利(據說)曾經提出的那樣，試圖「榨乾富人的最後一滴血」。

我自己的觀點是，社會正義的理論應該保留羅爾斯的前兩個原則──平等自由和機會平等──但是用另外兩個原則來替代差別原則。第一是堅守社會底線的原則，這要從給予每個公民以體面生活所必須滿足的一系列需要來理解；如前所述，這個最低限度不是固定的，而是隨社會和時代的不同而有所變化。第二是應得原則：收入和財富的不平等應該與不同的人所作的相對貢獻成比例，這要由他們成功創造他人所需或所欲的物品和服務來衡量。和羅爾斯的理論一樣，這些原則並不必然要求放棄市場經濟，但它們的確要求國家維持一個廣泛的福利體系，要求國家調整規範市場運行的法律框架，以便通過收入方面的途徑在人們所作的經濟貢獻與他們所得的報酬之間建立盡可能密切的聯繫。這就要求當前資本主義經濟運行方式實現巨大轉變，因為現有的財產所有權和財產繼承方式，容許人們由於運氣、繼承、法人地位等原因獲得巨大的收益──這些因素與他們對社會的貢獻無關。事實上，對社會正義的追求也許會把我們引向一種市場社會主義，在此形式下經濟企業由在企業內部工作

的人們 —— 而不是外部的股東 —— 佔有和控制，從而使利潤可以由實際生產者來分享。這不是為馬克思和其他激進社會主義者所稱道的共產主義，因為它允許更努力工作和更有才能的個人獲得自己的勞動果實；但它仍然偏離我們的政治常態，至少目前為止就自由民主政體而言是這樣。

和民主一樣，社會正義是一項未完成的事業。政治哲學家所要做的是簡明扼要地告訴我們一個公正的社會將是什麼樣的，他們既無須建造空中樓閣，也不必過分遷就當下的政治現實。現在許多人相信，對社會正義的追尋已經被全球性發展所中止了，後者削弱了任何國家按照正義的要求調節市場經濟的能力。我將在本書最後一章回到這個問題，但首先我想轉向對傳統意義上的正義的另一種挑戰 —— 來自女性主義者和文化多元主義者的挑戰。

第六章
女性主義與文化多元主義

在今日的西方民主政體中，關於女性和文化少數群體之地位的爭論得到了政治上的極大關注。女性主義者和文化多元主義者常常聲稱，那些與他們息息相關的問題——關於個人身份性質的問題，關於是否可能在公共生活與私人生活之間劃分界限的問題，以及關於尊重文化差異的問題——已經取代了我在前文探究的權威、民主、自由、正義等問題。事實上，政治本身的性質已經改變了：現在它與政府機構中發生的事情沒有多少關係，而與日常互動中的個人——男人與女人、白人與黑人、基督徒與穆斯林——之間發生的事情關係更密切了。因此，政治哲學需要用全新的視點來重新書寫。

我相信這樣的說法有些誇張，本章將試圖解釋原因何在。女性主義者和文化多元主義者提出的問題當然很重要，它們將改變我們思考政治的方式。但它們不應該替代舊有的問題，這些問題仍和以前一樣緊迫。相反，它們為思考這些問題提供了新的維度。我在這裏的目的是要探討，女性主義和文化多元主義的

主張能在多大程度上促使我們對權威、民主、自由及其限度、正義等問題作出不同的思考。

要保持洞察力，一種方法是去追問女性主義和文化多元主義在什麼情境下佔據了政治辯論的中心。或者把問題反過來說，是什麼原因導致在許多個世紀中，男性與女性之間的關係和少數文化群體的地位總是習慣性地在政治思想著作中遭到忽略？這很容易讓人將其視為某種巨大的疏忽，或者認為社會主導群體將這些問題排除在議程之外。就女性主義而言這無疑是正確的：過去由男性書寫的政治哲學想當然地認為女性對男性的從屬地位是一個自然事實，認為女性在政治生活中沒有積極角色可扮演，等等(偶爾也有例外——約翰‧斯圖亞特‧密爾就是一個——不過這種例外總是難得一見)。但他們的想當然主要是因為沒有人提出相反的主張。雖然我們可以憑藉後見之明指責他們的沙文主義——許多著作就是照此脈絡來寫的，但更有用、在某種意義上也更誠實的做法，是問一問自己社會中有什麼因素促使我們如此嚴肅地看待女性主義和文化多元主義的主張。我們怎麼能夠看到自己的前輩公然無視的事情呢，比如說，絕沒有理由認為女性不該享有和男性相同的職業機會？

我相信答案在於，我們生活於其間的社會建立在對自由和平等的承諾之上，但對女性和來自少數文化群體的人們來說，到目前為止社會還未能實現這些承

諾。我們最深刻的信念之一是，應該讓每個人都能按照自己選擇的方式去生活，只要遵循我們在第四章所探討的那些限制；另一個深刻的信念是，每個人都有權要求作為平等者被對待，無論表現於被賦予平等的權利，還是被給予平等的機會。考慮到這些信念，如果社會中一部分人只能享受範圍更小的個人自由，或者得到的待遇低於現有社會和政治制度下的平等水平，它就成了一個極受政治關注的問題。因此，比如說，當女性被剝奪了男性所擁有的將職業與家庭生活協調地結合起來的選擇權時，或者當少數民族成員在就業市場上的機會少於其他人時，就意味着他們沒有被當作完全自由和平等的社會成員加以對待。人們有時很容易指責女性主義者，特別是指責她們的主張站在既有特權者一邊。我們得知一位受僱於頂級城市機構的女性提起了一場法庭訴訟，因為她擁有的購股權比她的男性同事少了好幾百萬。按照任何合理的比較標準，我們都會認為她已經做得非常好了。這種反應在某種意義上是對的，在另一種意義上卻並非如此。它忽略了在一個承諾平等對待的社會中被歧視的體驗，縱然擁有舒適的生活方式，它也必然會貶損作為一個人的價值。

女性主義者為種種改造社會的途徑搖旗吶喊，其意在於讓女性享有充分的 —— 而不僅僅是名義上的或部分的 —— 自由和平等。文化多元主義者為這樣的民

族、宗教和其他群體提出了相似的權利要求：其成員遭到主流群體的歧視，或者整個文化得不到後者的尊重。每種立場都會產生不同的看法，但與其機械地廣撒漁網，我更想探討女性主義和文化多元主義對前文所述觀點構成的一般性挑戰。

讓我們從政治權力和政治權威的問題開始吧。在第二章裏我把它視為一個國家權威的問題；換言之，我假定至少在現代社會，當我們問及政治權威應該採取何種形式時，其實是在問國家應該如何構造。但是許多女性主義者對這種理解政治的方式提出了挑戰。她們主張，在人們捲入政治關係的公共領域與非政治關係的私人領域之間劃出一條界限，如果並非不可能，至少也是很成問題的。換句話說，她們將政治視為一種更具滲透性的現象，與我們生活的各個方面息息相關。這一挑戰被概括為一句口號：「個人的就是政治的」。由此推論，如果我們要談論政治權威，就不能光談國家對其屬民行使的權威，還得談論男性對女性行使的權威。

使這種挑戰更有力度的是一個確定無疑的事實，即男性——不僅是過去的，在某種程度上也包括現在的——對女性行使着權力。他們這樣做，部分是通過保持她們經濟上的依賴性——女性為了生存而不得不依靠養家的男性；部分是通過傳播關於女性在生活中的適當角色的觀念，這種觀念已逐漸為女性自己所接

受；還有部分是通過純粹身體上的強制——在男性的命令不被服從時以暴力相威脅。這些就是關於兩性關係的大體主張，但並不是説每個個體男性都曾使用全部三種手段來束縛女性，畢竟女性常常能找到抵抗的辦法；但儘管如此，它們的確指向一種在政治哲學中常常不被察覺的權力。當霍布斯這樣的政治哲學家們論述權力鬥爭和如何控制權力鬥爭時，他們想到的是男性之間的關係——似乎兩性間關係的問題已經得到了解決。

可這並不一定能推導出，我們從現在起應該把這些關係視為政治性的。儘管政治與權力有關，即關乎誰應該擁有權力以及應該怎樣控制它，可並非一切權力關係都是政治關係。舉幾個熟悉的例子，諸如教師對學生的權力、僱主對工人的權力、將軍對士兵的權力。每個例子中前者都能讓後者按照自己所希望的方式行事，部分是通過行使被自願接受的權威，部分是通過在命令得不到服從時以某種後果——禁閉、解僱、軍事審判——相威脅。那麼這些關係為什麼不是政治關係呢？我們需要想一想，是什麼使政治成為人類生活中一個獨特的組成部分。首先，政治雖然涉及決定的作出和執行，但它是以特定的方式來作決定的，即讓不同的聲音和不同的利益都有機會得到傾聽。它不必然是民主的——皇室宮廷中也有政治；也不必然是道德上純潔無暇的——其中不僅有討論和

爭辯，也有威脅和妥協。但是在獨裁者無須傾聽任何其他聲音或與利益相關各方商議就能將自己的意志強加於人的地方，是不存在政治的。其次，政治權威與人類生活的每一個方面都潛在相關。雖然我們能夠也應該對它加以限制——我們應該劃定一個政治決定不得侵入的個人自由的領域，就像在第四章看到的那樣——可劃定這些領域的行為本身就是一個政治行為。政治也是我們藉以確定處於不同社會階層的個人應該能夠行使什麼權力的途徑。教師對學生的權威應該有多廣、僱主與工人的權利和義務分別是什麼、將軍在管理軍隊時可以做什麼不可以做什麼，都是關於政治決定的問題。

如果政治具有這些顯著特徵，我們就能以不同的形式來表達女性主義對政治權威發出的挑戰。女性主義者就男性與女性之間關係所指出的，與其說是這種關係所固有的政治特性，不如說是政治在處理這種關係上的失敗。就其迄今為止的組成形式而言，政治權威還沒有為存在於兩性之間的特殊親密關係設置足夠的限定因素。這體現在許多方面：它未能為女性提供充分的身體保障，尤其是保護她們免遭家庭暴力；未能保證女性在許多重要的生活領域享有和男性同等的權利；未能為女性提供足夠的個人自由（我馬上會探究這指的是什麼）。正是這些政治失靈使男性得以在個人生活中對女性行使權力，一個顯而易見的原因在於，

圖13　女性解放的代價：呼籲女性參政權的埃米琳‧潘克赫斯特在白金漢宮外被捕，1914 © 2003 TopFoto.co.uk/Museum of London/HIP

許多世紀以來女性幾乎完全被排除在傳統意義上的政治領域之外。

這直接把我們引向女性主義和文化多元主義對當前實行的民主的批評，但在探究這些批評之前，我想更仔細地看一看自由的問題。如我們在第四章所見，自由通常被理解為一個受保護的行動領域，其中每個人都有機會和手段來決定自己過什麼樣的生活。女性主義者 —— 文化多元主義者也提出了相似的主張 —— 從兩個方面挑戰了這種觀點。第一，她們認為女性在私人領域其實比政治哲學家通常想像的更不自由。第二，她們認為用密爾的術語來說或許顯得純粹「涉己」的行為，事實上可能會對女性的利益產生破壞性影響。

我們已看到，自由包括向一個人敞開的一系列選擇項，但也包括在這些選項中作出選擇的能力。在過去，向絕大多數女性敞開的選擇項顯然是很有限的。她們除了結婚、養育孩子、在家庭內或與之密切相關而又數量有限的職業領域工作之外，幾乎沒有什麼選擇。20世紀見證了女性自由這一外在方面的顯著變化。不僅幾乎所有職業都至少在形式上向女性敞開了，而且現在在個人關係領域中也有了真正的選擇 —— 要不要結婚、到底要不要建立異性關係、要不要生孩子，等等。這並不是說她們在所有這些方面都享有和男性平等的自由，因為如我們再次所見，自由

也是一個不同行為過程所需成本的問題，比如當女性決定將事業與養育孩子結合起來時，她們常常必須承受額外的代價。但更麻煩的問題與自由的內在方面，即作出選擇的能力有關。

女性主義者聲稱，女性仍然受到社會中形成已久的文化規範的束縛，即使她們不再受到身體上的強制去服從這些規範。這些規範尤其涉及女性的外表應該怎樣、行為應該怎樣、應該與男性建立什麼樣的關係，等等。它們在人生的早期階段內化於一個女性的觀念中，此後就很難動搖。顯然，女性在許多生活領域的確作出了真正的選擇——職業、宗教、廣義上的生活方式——但幾乎總是受到關於女性特質的普遍觀點的束縛。這可能導致破壞性的結果，譬如過分關注身材相貌會引起十多歲少女的厭食症，關於男女在家庭內部所扮演角色的既定觀念會使女性屈服於極不公平的家務分工，等等。

這個問題之所以這麼難解決，是因為它和另一個女性主義者自身也未達成一致的問題糾纏在一起：男性和女性是否在本質上具有相同的天性，抑或男女之間存在深刻的差別從而意味着他們所偏愛的生活方式總是相去甚遠？如果後者是對的，我們就不應該急於假定當女性選擇遵守某些文化規範時，這些選擇是不可信的。這並不意味着我們必須接受，比如說，導致十多歲的少女讓自己挨餓的規範。但至少存在這種可

能，即比男性更關心自己的外表是女性天性中根深蒂固的一部分。在這種情形下，她們就生活的這一部分所作的選擇顯示出與男性不同的模式，這並沒有損害她們的自由。

我們怎麼能斷定，男女在選擇時的上述區別僅僅是可變的文化規範的結果，還是反映了與性別密切相關的差異呢？這個問題如此複雜，最明智的做法也許是跟隨約翰·斯圖亞特·密爾的指引並繼續信奉不可知論。如密爾在《女性的從屬地位》（這是20世紀以前極少的幾本女性主義政治哲學論著之一）中所寫：

> 我不認為有任何人知道或者能夠知道兩種性別的天性，既然只能在當前的相互關係中看到他們。如果在沒有女性的社會中見到男性，或者在沒有男性的社會中見到女性，或者存在一個男女同在而女性不受男性控制的社會，那我們可能已經明確知道了一些或許是各自天性所固有的精神上和道德上的差別。

既然沒有這方面的證據，我們很有理由保證自由的外部條件對男性和女性來說是相同的 —— 他們可得的選擇項和作出選擇引起的成本是相同的。在此之外，我們是必須同時設法打破關於男性和女性各自該如何行事的主導文化規範的控制，還是相反，應該保證傳統的女性規範享有與傳統的男性規範一樣高的價

值呢——如我所言，這仍然是一個女性主義者自身爭論激烈的問題。

　　文化少數群體——他們的宗教或種族認同與社會中的多數群體有所不同——也面臨着個人自由的障礙。即使在現代自由主義社會中，他們在形式上享有和多數群體成員一樣的教育和就業機會，可是要把潛在的選擇空間落實為實際選擇行為常常需要付出額外的成本。例如，也許會對工作制定一些來自少數群體的人難以遵守的規範——比如有些着裝要求與宗教的或傳統的着裝規範相衝突；也許會以與宗教習俗不相容的方式來安排工作週，如要求人們在指定為安息日的那一天工作；等等。文化多元主義者主張，必須在不僅僅是形式的意義上實現機會平等。這裏的問題是，也許成本本身就會呈現為選擇問題。比如說，如果我由於宗教原因選擇不吃豬肉，很顯然這並未限制我的自由：這種約束是自願接受的。那麼如果由於我堅持特定的穿着樣式，許多僱主不願給我提供一份工作，和這有什麼區別呢？我可以選擇不以這種方式着裝。

　　為了解決這個問題，我們需要確定一種穿着模式，或者事實上任何其他類型的工作規範對於我們所考慮的工作來說是否必不可少。在某些例子中穿着要求也許是出於安全考慮而強制推行的。另一些情況下涉及的也許是審美問題——比如說演員和舞蹈家必須作好心理準備接受製作設計師所選定的服裝。

但如果這種模式只不過是習慣性的，那麼文化少數群體就有理由聲稱自己的職業選擇自由受到了限制，除非放棄或者放寬這種模式。（當然，他們也必須證明自己的穿着要求具有深刻的文化根源，所以破壞它對於當事的個人來說是代價高昂的。）

　　這樣我們看到，女性主義和文化多元主義的挑戰方式也許會迫使我們作出修正的，不是自由觀念本身，而是我們如何理解人們真正自由地選擇自己生活道路的條件。這同樣適用於我們對自由之限度的考察。我在第四章舉例說明，看起來對他人完全是防禦性的（因而按照密爾的定義不是「涉他」的）行為怎麼會變得不止如此——假如結果是受其影響者被迫改變自己行為的話。女性主義者和文化多元主義者也許想把這個論斷再推進一步。例如他們會聲稱，女性和文化少數群體（尤其是在大眾媒體上）被描繪的方式會對他們總體上被對待的方式產生重要影響。譬如說，如果女性被表現為性的目標，或者黑人被刻畫為罪犯或毒品販子，這將會也許是不知不覺地影響到有權決定僱用或升職者的行為。言外之意是，表達自由應該受到比我們以前所想的更多的限制。損害弱勢群體利益的表達應該被制止。為此，某些女性主義者呼籲禁止色情文學；宗教少數群體的代表要求制定關於瀆神的法律禁止對其宗教的謾謗言論，就像薩曼·拉什迪出版《撒旦的詩篇》一書後某些穆斯林所做的那樣。

圖14　穆斯林在英國布拉德福德焚燒《撒旦的詩篇》，1989
© Corbis Sygma

這些要求向堅決主張個人自由的社會提出了難題。畢竟，自由的價值不正在於它容許人們挑戰慣例、容許人們震驚和憤怒並容許人們以這種方式促使他人質疑自己的既定信念嗎？我們怎麼能對冒犯了一群人的表達或行為加以稱頌，反過來又試圖對冒犯了另一群人的表達和行為加以禁止呢？由於很難在這樣兩種表達形式──一種雖然冒犯他人卻又是解放性的，另一種則純粹是冒犯性的──之間劃出界限，我們可以得出結論說法律在這個領域是一件魯鈍的工具；一般說來，應該讓人們自己去判斷哪些表達是可接受的、哪些不是，只有在公共場合發表的種族主義言論等極端情形除外。這不排除關於這些問題的公開辯論，它可以讓人們進一步意識到，在具有不同文化背景的其他人看來什麼是冒犯或者侮辱。在一個文化多元的社會，對其他群體文化價值的普遍尊重是一種重要的美德。與此同時，不屈服於具有負面作用的政治正確要求也很重要。在文化能夠容納敵視自由和平等的元素，尤其是女性的自由和平等的地方，我們應該毫不猶豫、堅定不移地這麼說，即使這意味着冒犯。

現在讓我轉向民主問題。在有普選權的社會中，女性主義者和文化多元主義者面臨的一個主要問題是女性和文化少數群體代表在立法議會中的相對缺席。這個問題何以重要呢？有人從另一個方面辯稱，代表

們是由全體選民選出來並向選民負責的，所以就算實際出席議會的女性和少數群體成員很少，他們的利益和關切也能通過代表他們的(白人)男性被傳遞出來。換句話說，重要的是責任機制，而不是事實上誰被選出來坐在議會或國會裏。

這個回答忽略了如下事實：在當前存在的民主政體中，當選的代表擁有對問題作出決定的多項自由，這些問題是選民們從來沒有機會去決斷的。我在第三章討論了深化民主、讓人民更充分地參與決策的方式，如果這些方式得以實施的話，選誰來代表他們就確實沒那麼重要了。可現在它是非常重要的。要求增加女性和少數群體代表的理由是，在一些重要的問題上，不屬這些群體的人很難充分理解他們的看法和利益。所以，舉例言之，如果一個與宗教習慣有關的問題被提交給議會或國會，比如涉及工作歧視的情形，那麼下面這一點就很重要了：應該有出席會議者能夠解釋這種習慣的意義、它對於當事群體生活的核心意義或其他作用，等等。這同樣適用於女性所特別關切的問題，比如說產假或兒童護理問題。

讓代表與人口數目嚴格地成比例並不是根本問題。重要的是每一種主要觀點都能在立法機構中得到充分的代表。這是從我前面對民主的描述中得出來的：民主是一種經由所有相關人員的開放式討論達成政治決定的制度。這裏假定相關人員都願意傾聽對方

的論辯、以公正為標準進行權衡並相應地改變自己的觀點。當然，民主並非總是這樣運行，但尤其對於少數群體來說，盡可能這樣去做是很重要的。他們畢竟是少數群體。如果每個人都只根據自己的局部利益來投票，少數群體的利益就註定會受損。論辯的力量是他們唯一的武器。

這種看法受到了某些女性主義者和文化多元主義者的挑戰，他們聲稱通過理性論辯來作決定的想法本身就是對這樣一種制度的偏愛：該制度對那些已經適應了這種討論的人更加有利。他們辯稱，女性和少數群體可能需要使用更有激情的言論形式來為自己辯護；他們還建議，某些問題應該留給最與之利害相關的群體來解決，所以關於墮胎、避孕等生育權的問題應該交由女性獨自決定。我在第三章關乎少數群體的普遍問題上指出，民主政體應該樂於將某些基本權利寫入憲法，這正是為了保護少數在任何時候都免受對其不利的多數的侵犯。我還提出，像聯邦制那樣創建分立選區以解決不同的問題，可以在民主的基礎上證明其正當性。然而這裏的問題是，許多與女性和文化少數群體密切相關的問題，也和其他群體存在很大的關係。墮胎是一個明顯的例子。不管人們多麼傾向於認為這個問題僅與女性有關，但顯而易見，尤其是宗教群體也與之有着深刻的關聯，他們相信在墮胎之時包含了對人類靈魂的摧毀。人們無法將這種關切歸為

瘋狂而拒絕考慮，除非他們願意以同樣的方式對任何具有宗教基礎的其他文化主張背過身去。所以唯一的解決辦法是努力通過爭辯和討論，尋求一種至少能在最低限度上讓對方接受的關於墮胎的立場，這再次突出了使制定決策的機構能夠充分代表各種觀點的重要性。

在這一章的最後，我們要談到正義問題：女性主義者和文化多元主義者如何對主導性的社會正義觀發起了挑戰，我們又該如何回應這些挑戰？在此我想聚焦於兩個特殊問題：家庭正義，即家庭生活中男性與女性之間的正義；以及積極歧視，即旨在促使女性和少數族群獲得更好的教育和工作機會的措施。

社會正義，如我在上一章所指出，關係到社會和政治機構在個人之間進行的利益分配和成本分攤。在傳統意義上，其焦點在於財產和稅收制度、衛生保健和教育產品的公共供給等。但我們能把注意力僅限於這些公共機構的分配結果嗎？女性主義者指出，我們還需要考慮在家庭單元內部發生了什麼，看看它如何分配利益和分攤成本，看看這對更廣泛的工作、收入等分配具有什麼影響。更具體地說，她們認為沒有家庭正義，就無法實現女性應得的社會正義。

今天許多人都同意歷史上家庭對女性的待遇是不公正的——或多或少將她們置於其男性親屬的支配下，後者不僅只需幹很少的家務活，還因為自己作為養家者的地位而控制着家庭的財政權。可是現在，女

性似乎已在公共領域中獲得了獨立，她們贏得了法定權利、政治權利和進入勞動市場的平等資格；家庭背景下的男女關係必然也發生了深刻的變化：他們如今在平等的基礎上相處。換言之，對女性來說一旦實現了(通常意義上的)社會正義，家庭正義就會隨之而來。然而這種樂觀主義信念並未在實踐中得到證實：女性的地位無疑在許多方面提高了，但仍然存在大量的不平等，尤其是在男女分配家務勞動的方式上。即使在雙方都有全職工作的情況下，女性仍要承擔家務活中最大的一份。假設這些家務活使人煩累的話(真的有人能從使用吸塵器或者熨燙衣服中得到樂趣嗎？)，這看來就是不公平的。

女性還由於如下事實而吃虧：在孩子出生後，其職業生涯中斷的時間幾乎總是比男性更長，生育期結束後常常是回到就業市場從事兼職的工作，或者在升職階梯上的前進速度總是比地位相似的男性更慢。和公開的性別歧視差不多，這似乎也解釋了女性總體上比男性掙的錢更少、在各種職業最上層被代表的程度也更低這一常見的事實(只有很少的女性執行總裁、法官、教授等等)。

但我們不應該急於得出這樣的結論：由於男性和女性在某些方面終究是不平等的，這就必然是非正義的。畢竟，有些不平等的結果依然是公正的——譬如當它們反映了人們所作的不同選擇時。所以對於我剛

剛提出的例證，需要考慮的一種回應是女性已經同意了看起來對她們不利的安排；可以說，她們將其視為家庭協議的一部分而加以接受了，即她們應該承擔大多數家務、應該擁有不如男性伴侶那麼輝煌的事業。

她們為什麼會同意這樣的安排呢？大概是因為仍然存在着關於男性和女性各自角色的規範，這些規範告訴我們女性對於持家和育兒負有特殊的責任，而男性對於在外掙錢負有特殊的責任。所以儘管現實中絕大多數到了工作年齡的女性都能在勞動市場上被僱用，但男女兩性傾向於把她們的工作視為一種額外津貼，視為她們主要責任之外的某種附屬品。可就算女性接受這種觀點，就付出和回報的平衡來說，它也顯然是對她們不利的。這種規範是先前時代的遺留物，人們的自願接受並不足以使它變得公正(我們知道，即使是奴隸也接受了確認其奴隸身份的規範)。

表明家庭正義在我們的社會尚未實現是一回事；明確說出家庭內部正義要求的是什麼卻更為困難。我們是應該堅持把平等分攤成本和分配利益作為所有夫妻的準則，還是為人們留出根據各自情況作出不同安排的餘地呢？或許關於女性之適當地位的舊有規範一旦消失，自願同意的原則就會盛行起來。如我們所見，有些女性主義者堅持認為在男性和女性之間存在深刻的差異，尤其是關乎他們在育兒方面的角色；認為嚴格的平等是在強迫女性以違背她們生理天性的方

式行事。從以上角度來說這是正確的，家庭關係中的公正應該與家庭生活中的靈活性相兼容，伴侶們可以根據各自的偏好和能力去選擇家內和家外工作的劃分。

最後，我們在本章還要考察一下反歧視行為和積極歧視政策所提出的問題。女性主義者和文化多元主義者都對關於機會平等的傳統觀念提出了挑戰，這種觀念意味着挑選人們去工作或上大學必須嚴格以其成就為基礎。相反，他們主張，正義也許要求我們對女性和/或少數族群成員加以積極歧視——換言之，遴選委員會應該增加一個額外的因素，即考慮申請者是否屬這些群體之一。當然，這樣的政策已經被大學和僱主相當廣泛地實施了，可它們仍然是有爭議的。

我們需要區分可能賦予積極歧視政策正當性的兩種情形。一是評估成就的標準方式，比如依賴考試成績或測驗結果，往往會低估女性或少數群體成員的真實能力。這或許是因為測驗包含了潛在的文化偏見，或許是因為這些人獲取測驗所要評估的技能的機會更少——比如説由於更差的教育背景。如果能夠證明這一點——考慮到現在學校裏女孩的表現往往要勝過男孩，這在被剝奪的少數族群那裏似乎比在女性那裏可信得多——積極歧視政策其實是達到機會平等的一個更好的辦法。在原則層面上不存在爭議：爭論僅僅在於，用什麼方式可以最好地保證把真正勝任的人挑選到有利位置上去。

圖15　多元文化的和諧：諾丁山狂歡節，1980 © Hulton Archive

但是還有第二種證明正當性的形式，它確實提出了原則性的問題。它起始於當前女性和少數族群在社會上等階層中的代表性明顯過低這一事實，並提出將積極歧視作為糾正偏差的最佳手段。換句話說，確保有許多女性、黑人、穆斯林等佔據商業、各種專門職業、文官等領域的高層職位，應該是社會政策的一項重要目標。按照這種觀點，社會正義不僅是公平對待個人；它還具有一個以群體為基礎的重要元素。正義的社會應該是這樣一個社會，其中一切主要群體都在各個社會領域按照大致的人數比例被代表。

假定個人機會的真正平等是真實的，即人們總是基於成績被挑選到工作崗位和其他位置上，也有同等的機會去獲得被視為專長的技能和能力；但是社會中不同群體的成功卻被證明或多或少是總體性的，某些群體佔據了大多數的上層職位，另一些則群集在社會底層。我們能不能說不那麼成功的群體是群體間不公的犧牲品呢？如果它們的成員是有意選擇不去申請更好的工作(比如說由於文化上的原因)，那就不能。但一般說來這似乎不太可能(也許有一些特殊的工作，使某些群體出於文化原因而感到不合意)。更有可能的解釋是，如果群體成員在過去一直傾向於從事地位較低的工作，這些群體就會具有較低的期望值和自我價值感，因而只有很少的成員相信自己有機會爬到職業階梯的上端——所以他們寧願不去嘗試。

我們應該關注這種狀況。這些群體地位低下，其個體成員不去爭取本來可以擁有的機會，這種狀況對群體本身、事實上對整個社會都是不利的。積極歧視政策也許是有用的，它可以表明如果得到最初的推動力——比如說一所好大學裏的職位——少數群體成員能夠表現出怎樣的能力。這些人可以扮演行為榜樣，鼓勵其他人跟隨他們的步伐。所以總的來說，這樣的政策或許能夠在總體成效上證明自身的正當性（非洲裔美國人也許是最好的例子）。但這並不意味着它們是正義所必需的內容，也不意味着可以僅僅因此而將抱負和成就較小的群體描述為非正義的犧牲品。事實上這裏也許存在着現實的價值衝突——在公正對待個人與確保種族和其他群體充分融入廣泛的社會生活之間。我在本書開始不久就說過，政治哲學家應該抵制政治家們常常受到的誘惑，即假定自己偏好的政策不會犧牲其他價值。在此我們應該推斷，積極歧視只有在事關保證個人之間的實際公正，即發現真正的成績時才是正義的。如果超出這個範圍、變成一種提高某個群體相對於其他群體的整體地位的手段，那麼無論這種政策在總體上多麼可取，它也不再是一個正義的問題了。

我在本章開頭指出，我們不該把女性主義和文化多元主義視為歷史更久的政治哲學問題的替代品，它們只是用新的方式來提出這些問題。我希望現在已經

證明了這一看法。女性主義者和文化多元主義者教我們用不同的方式思考政治權威、自由、民主和正義，尤其是在如下方面對我們形成了挑戰：他們說明了在文化各不相同、女性期望得到與男性同等對待的社會中，這些價值應該如何實現。他們的著作豐富了政治哲學，引領它直接與當前爭論最激烈的某些問題發生關聯。

第七章
民族、國家與全球正義

　　在最後一章，我們要探討關於政治權威和正義之範圍的某些基本問題。我們要問，是什麼使某些人類關係具有了政治性，另一些則不具有；正義的觀念能不能運用於家庭領域內男性與女性之間的關係，以及社會中不同文化群體之間的關係。本章還將探究政治和正義的範圍，不過現在我們要把視線投向外部而不是內部。我們將持續追問，我們最熟悉的政治單元——民族國家如今是否已經失去其原有效用，我們是否應該把政治看作在國際甚或全球範圍內發生的事情。我們還將探討在超越民族國家的層次上正義可能意味着什麼：我們能否從全球正義的角度進行思考？如果能的話，適用於這個層面的基本規則與適用於國家政治共同體內部的規則有沒有區別？

　　這些關於範圍和規模的問題不僅僅是技術性的。從面對面的小型群體(在那裏每個人都瞭解作為個體的其他人)到大型的社會(在那裏我們對大多數其他人的知識是概略性的，即對他們只有類型或範疇上的瞭解；我們的知識是通過比如媒體報道而間接獲得的)，

人類互動的方式經歷了根本性的變化。值得回過頭去看看在我們的壁畫家洛倫澤蒂的時代，錫耶納市是如何運行的。與當今世界佔主導地位的政治單元——民族國家相比，它的規模非常小。在嚴格意義上的市區之外，錫耶納的管轄權僅限於距離市中心不超過三十英里的範圍，包括小鎮、村莊和鄉間。據估計，這個政治單元的總人口在1348年黑死病爆發之前最多曾達到十萬人；其中約半數住在城區，只有少數居民具有公民身份。所以洛倫澤蒂——他的《好政府和壞政府的寓言》裏有許多特徵與錫耶納有相似之處——描繪的是這樣一個政治共同體，其政治領袖個人為許多公民所熟知，每天都能看到這些公民在城牆內從事着自己的營生。來自城市各部分的代表所組成的最高委員會，在公告員和鐘聲的召喚下聚集起來。在把錫耶納描述為一個政治共同體（community）時，我們是在這個詞本來的意義上使用它的。

我們今天所理解的政治哲學，首先出現於這些小規模的政治共同體，其中最典型的就是古典時期的希臘。在這裏，至少是就城市內部生活而言，公民團體掌握着自己的命運；所以詢問關於政府的最好形式、好的統治者應該具備的品質、正義的意義等問題是順理成章的。這樣的城邦或許為人類提供了他們曾經有過的統治好自己——實現自由、正義和民主——的最佳機會。那麼它們為什麼沒有持久留存下來呢？答案

在於，像雅典和錫耶納這樣的城邦總是很容易被更大的(政治)單元所佔領和同化；它們必須願意為維持自己的獨立而不懈地戰鬥，在這樣做時又不得不與相鄰城市結成不穩定的聯盟，這種結盟可以取得一時的成功，但從長遠來看最終還是無法抵擋中央集權程度更高的帝國：雅典屈服於馬其頓的腓力[1]，而錫耶納在把自己置於米蘭公爵之類鄰近統治者的保護下而維持了些許獨立性之後，最終還是被西班牙國王查理五世[2]所征服。城邦的失敗不是由於它們內部的缺陷，而是因為在面對入侵軍隊時外部的軟弱。

被證明能夠抵制帝國的權力、同時仍然可以體現部分城邦美德的政治單元，就是民族國家。它是在遠為龐大的規模上建立起來的，擁有佔據了大塊地理區域的數以百萬計的人口，在都城聚集着國家自身的機構——議會、法庭、政府、軍事指揮部等，但它仍能在某種意義上被視為政治共同體，因為它的成員認為自己屬一個與鄰國區分開來的獨特的人群或民族。要使這種情況得以發生，必須有通訊媒體將組成民族國家的許多地區相互聯繫起來，告訴每個地區的人們其他人在想什麼、做什麼。由於這個原因，歷史學家本尼迪克特·安德森[3]將民族稱為「想像的共同體」：和

1　指馬其頓國王腓力二世(前382–前336)，公元前359–前336年在位。

2　查理五世(1500–1558)，西班牙國王(1516–1556年在位)、神聖羅馬帝國皇帝(1519–1556年在位)。

3　本尼迪克特·安德森(Benedict Anderson 1936–)，當代著名政治學家

面對面的共同體不同，它們的存在有賴於共同的想像行為。人們必須學會把自己看作是法國人、美國人或日本人，而不僅是家庭成員或某個特定城鎮的居民。但是民族真的存在嗎？抑或它們不僅是想像的，而且是純粹虛構的？有什麼東西能將居住在國界線一邊的人們與住在另一邊的人們切實區分開來嗎？英奇司祭長[4]曾經說過，「民族是由對祖先的錯覺和對鄰居的慣常仇恨結合而成的社會」。和大多數好的引語一樣，這句話包含着真知灼見。通常，民族認同的確產生於與某些相鄰族群的對抗：是英國人曾經就等同於不是法國人，正如今天是蘇格蘭人意味着不是英格蘭人，是加拿大人意味着不是美國人。各民族也典型地推衍着關於其自身的神話——它們獨一無二的道德或文化品質、它們過去的軍事或政治(或體育)成就，等等。儘管如此，民族認同也不完全是虛幻的，它既可能成全美事，也可能為虎作倀。幾乎在所有情形中，我們稱為民族的群體都共有同一種語言，共有長期居住在一起的歷史，以及不僅以文學形式、也在物質環境——城鎮和都市的建造方式、景觀的模式、紀念碑、宗教建築等等——中表達出來的文化特性。當年輕一代在那些文化和物質背景下長大時，他們會不由

和東南亞研究專家，代表作為《想像的共同體》。

4　英奇司祭長(Dean Inge 1860–1954)，英國神學家，1911年被指派為聖保羅大教堂司祭長。

自主地被這一共同遺產所塑造 —— 即使他們會反抗其中的許多方面。

在民族擁有自己的國家的情況下，民族文化的影響力尤為強大。因為在這種情況下，文化傳播會通過法律、政府機構、教育系統、全國性媒體以及剛剛提到的非正式渠道得以進行。民族與國家相互強化 —— 國家的權力被用來鞏固民族認同，而以這種方式被拴在一起的人們又更樂於接受一個共同的政治權威、更樂於在受到攻擊時團結禦敵。這解釋了為什麼民族國家作為政治單位被證明是相對成功的：它們足夠大，不至於被帝國軍隊所吞噬；而與此同時，又能在需要抵抗的時候依賴其成員的忠誠。

當然，這種忠誠存在着下降的趨勢。當民族國家像在20世紀的兩次世界大戰中那樣相互爭戰時，它們能夠造成早些時候所無法想像的大規模死亡和痛苦 —— 早期最經常出現的戰爭主要是由為帝國服務的僱傭軍來進行的。所以要為作為一個政治單元的民族國家辯護，僅強調它的軍事能力是不夠的。我們需要更多地說明一個其成員被共有的認同團結在一起的社會能夠取得什麼樣的政治成就。

在這裏我想提出兩個觀點。第一個觀點是，這樣一種認同使民主政府成功運轉的可能性極大增加。回頭看看第三章所講的內容，我們看到，民主政治最大的困難之一就是讓多數和少數互相協調 —— 說服少

數群體接受多數群體的選擇，同時也說服多數群體不要壓制少數群體的希望或利益，而是設法在作決定時將其納入考慮。我在那裏提出，有可能促進我們所稱的「民主的自我克制」的因素之一，是各方之間的信任。在一個人們總體上信任他人的社會中，他們很少為發現自己在某個問題上處於少數地位而焦慮不安，而更樂於在不會對自己造成很大傷害的基礎上讓多數群體執行其決定。相反，在信任缺席或縮減的地方，每一個決定都變得生死攸關。

來看一個簡單的例子：設想我們有一部民主的憲法，我們所屬的政黨剛剛在普選中被擊敗。我們應該按照憲法的要求交出權力，還是發動政變、宣佈選舉無效呢？交出政府的控制權，我們就使自己面臨着兩種風險。一是我們的對手會利用他們剛剛獲得的權力來迫害我們，或者最起碼會採取有利於他們自己的支持者的不平等措施。二是儘管通過民主選舉獲得了權力，但他們不會尊重憲法，所以我們現在交出權力就是失去了重新行使權力的機會。(這不僅是一個理論上的可能性。眾所周知，對於新生的民主政體來說，關鍵性的時刻不是第一次選舉，而是在贏得第一次選舉的政黨被擊敗並被要求放棄公職的時候：它會怎麼做呢？)我們是否願意冒這個險，取決於我們對即將就職的人有多信任。

要使這一觀點完整，我們需要追問是什麼使人們

圖16 加拿大人集會支持國家統一、反對魁北克分離主義，蒙特利爾，
1995。(圖中標語牌上文字為：「我們愛魁北克；留在加拿大；我來自多
倫多」。) © Kraft Brooks/Corbis Sygma

更有可能信任他人，尤其是他們自己所不瞭解的人。研究該問題的社會心理學家發現，一個重要的因素是被感知的相似性：我們傾向於信任那些我們認為在某方面與自己相似的人們。不難想像對這一傾向的解釋：它也許是我們從人類進化的早期階段繼承而來的特性，那時人們在擴展的親屬群體中互相合作，必須學會如何區分自己人和外人。在大規模社會中，人們在音形相貌上都難有共同之處，信任就成問題了。但民族認同可以幫助我們解決這個問題：我們也許在政治上不贊成另一方，甚至鄙視他們所支持的多數觀點，可我們知道，他們仍然和我們有許多共同之處——共同的語言、共同的歷史和共同的文化背景。所以我們至少可以相信他們會尊重民主政府的規則和精神。

我的第二個觀點與社會正義有關。是什麼使得人們願意支持將會增進社會正義的政策呢，尤其是在他們發現政策實施後自己將會受損的時候？譬如說，他們也許必須支付更多的稅款來創造為所有公民提供福利保障所需的資源，而對他們來說，私人購買衛生保健、教育產品等等也許會更便宜。或者為了給迄今仍很落後的群體創造平等的機會，他們必須放棄自己的某些既有特權，譬如為自己的後代提供找工作和上大學的捷徑。他們為什麼會這樣做呢？在正義或公平的意義上，我們或許可以作出回答。但我們需要再次追

問：是什麼使人們願意根據正義來對待他人？要對這些作出回答，我們仍要考慮共有認同的問題。

我們的確承認對所有人都負有某些正義方面的責任，不管除了普遍的人性之外，我們和他們有沒有任何共同之處。我們知道殺死、傷害或無理監禁他們是不對的，知道在他們陷於危險或困苦中時應該施以援手。這一共識可以幫助我們弄清全球正義的觀念，稍後我要說明這一點。但社會正義對我們提出了更多的要求；特別是它常常要求我們接受平等原則所施加的限制，如果擺脫這些限制的話，本可以對我們自己或我們的親戚朋友更加有利。如果我們在交稅時耍花招，或者破壞規則給侄子一份不該屬他的好工作，這樣做並沒有人被殺死或傷害。那麼，是什麼促使我們接受這些要求呢？正如約翰·羅爾斯等政治哲學家強調的，一個非常重要的動機是在能夠相互證明行為正當的條件下和他人居住在一起。換言之，如果有人讓我解釋自己的行為，解釋我正在做的事情為什麼是可以接受的，我可以訴諸她和我都能接受的原則。

這種動機的強度取決於我們與其他相關人等的聯繫有多密切 —— 這在面對面的小型群體中最為強大 —— 但民族共同體認同至少提供了某種粘合劑，使人們關注在正義的條件下和他人共同生活。我並不是說現有民族中人們總是正義地行事 —— 那遠非事實 —— 只是說他們有這樣做的動機，這使他們更願意

支持前文提到的累進稅收或機會平等之類的立法。

不同意這些把民族認同與民主和社會正義聯繫起來的觀點的人，常常用舉例的方式指出，諸如比利時、加拿大、瑞士之類的國家是多民族的，即每個國家都有兩個或更多清晰可辨的民族共同體；但它們卻仍然是支持廣泛福利國家政策和其他社會正義制度的穩定的民主政體。作為回應，我想說兩件事情。第一，這些國家都形成了聯邦體制，將包括經濟和社會政策在內的許多重要決定權交給了包含不同民族群體的省或地區。例如在比利時，佛蘭芒人和瓦龍人[5]各有其分立的政府，負責就業、住房等許多政策領域，聯邦政府則負責處理防衛和外交政策等全國範圍的問題。第二，這些社會中的大多數人具有我們也許會稱為「鳥巢式的」民族認同：他們把自己同時看作佛蘭芒人和比利時人、魁北克人和加拿大人，等等。換句話說，他們既有包羅全國的民族認同，也有更加地方化的民族認同，這有助於解釋這些社會何以能夠如此有效地運轉：它們可以喚起共同的忠誠感以支持全國層次的民主政體，並證明將資源從富裕地區向貧窮地區再分配的正當性。

這樣，民族國家允許人們在較大的規模下進行政治合作，並通過構建能將人們拴在一起——儘管他們的信仰和利益相互衝突、地理分佈也很分散——的

5　比利時的兩個主要民族，前者講佛蘭芒語，後者講法語。

共有的政治認同，至少部分成功地實現民主、追尋社會正義。但是現在許多人相信，這種政府形式已經過時了。人們已經為民族國家寫出了無數的訃告，看起來，我們只是在等待它的軀體自然而然地跌入墳墓。為什麼民族國家會被認為已經日薄西山？一些原因是內部的，與在社會中維持共有的民族認同的困難有關；由於移民和其他的原因，這些社會的文化多元特性正在日漸增強。另一些原因與國家運行的外部環境有關：它們控制全球經濟力量的能力削弱了，只能通過國家間合作或國際組織來解決的問題，尤其是環境問題的範圍在日漸擴大。我不打算在已有的關於這些主題的文獻洪流中添加任何東西，只想提一些與可能取代民族國家的那種政治秩序類型有關的問題。最受青睞的替代品是某種形式的世界主義。世界主義其實是一種非常古老的觀念，可以回溯到古羅馬的斯多葛學派，他們喜歡把自己看作*kosmopolitai*，即「世界公民」。但這個詞的準確含義是什麼呢？對世界主義的一種闡釋是和它的字面意義相一致的世界政府，即用一個一元的政治權威取代現存的一百九十一個分立國家。但是儘管世界政府得到了某些人的鼓吹，其不利之處卻再明顯不過了。

首先，很難想像如此規模的政府怎麼可能是民主的。顯然，它的運行必須通過經選舉產生的代表，他們每個人都要代表數以百萬計的人，因此普通公民事

實上將沒有機會對政府本身施加影響或控制。本章論述的要點是民主在較小的規模下運行得最好：城邦也許是它理想的場所，民族國家的巨大成就在於利用大眾媒體模擬了城市的親密關係，至少給人民一種被捲入和有能力影響政治事務的感覺。但世界政府將呈現為一個遙遠而陌生的機構，甚至規模小得多的歐盟，對於今天的許多人來說也是如此。而且前面強調過的信任問題，也將攜其全部威力浮現出來：如果決定是由來自那些我感到自己與之沒有什麼共同之處的社群的多數所作出的，我憑什麼認為它們是合法的呢？其次，確實存在世界政府蛻變為暴政的危險，這種情形一旦發生，將不會有避難所為個人提供庇護。在諸多國家所組成的世界裏，壞政府的一個顯著標誌是政府不得不建造圍牆和柵欄束縛自己的人民，而存在替代選擇的地方，圍牆和柵欄是無法長期維持下去的(為阻止人們從東德逃往西德而建造的柏林牆在存在了二十八年之後，於1989年被逐段拆除)。專制政府至少在某種程度上受到人民逃往其他地方的可能性的制約，在那裏，他們可以生活在更大的自由和安全之下。但如果世界政府成為現實，這樣的制約將不復存在。

最後，如果説今天不斷增長的文化多樣性正向許多民族國家提出難題的話，那麼這些難題對世界政府來說將要深刻得多，因為它必須容納現存的各主要文明，其中的每一種都想讓自己的價值和信仰在公共政

圖17　抵制美國風格的全球化：拉脫維亞，1996 © Steve
Raymer/Corbis

策中得到體現。事實上，只有在兩種情境下，這一提議才似乎是完全可行的。一是出現一種共同的全球文化淹沒當前的文化差異，它或許會以大眾市場的消費主義為基礎——所謂的「麥當勞世界」（McWorld）設想，在那裏所有地方都轉變成一種巨型的美國購物中心。二是文化的大規模私有化，從而儘管不同地方的不同群體仍在追尋他們自己的文化價值，卻無法再指望政府對這些價值予以考慮（作為類比，想像一個社會中沒有國家教堂，只有各自的宗教群體建造和資助的教堂）。這也許要比第一種方案更可信些（也沒有那麼讓人反感）。然而，當今世界最激烈的分歧之一就存在於這樣兩群人之間，其中一方願意看到文化（尤其是宗教）以這樣的方式私有化，另一方則堅持政府的政策應該以他們所偏好的文化價值為基礎。

在字面意義上，世界政府必須與一個溫和得多的提議區分開來——這一提議受到包括伊曼紐爾·康德在內的哲學家們的青睞——它主張國家應該達成放棄使用武力的永久性協議；應該成立一個聯邦以保證康德所說的「永久的和平」。我們可以在當前自由民主政體之間的關係中看到這一預兆，其中就包括一項有時是默許的、有時是明確的協議，即通過談判或者訴諸歐盟、聯合國之類的國際組織來解決他們之間的分歧。有必要強調，這種類型的協議穩定了國家之間的關係，卻使國家本身成為了政治權威的主要來源。

康德本人也贊成這一點：一個單一的世界政府會成為「侵蝕一切人類活力、以自由的墓地而告終的普遍專制」。

　　世界主義在最字面性的意義上是難以置信和沒有吸引力的。但政治哲學家有時會從不同的角度闡釋世界公民權的概念，不把它當作一種政府形式，而是解釋為關於個人應該如何思想和行為的提議。他們的建議是，我們應該克服自己狹隘的民族依戀和其他依戀，把自己視為世界的公民，也就是與所有的人類同伴負有平等責任的人。由此視角觀之，民族界限只是沒有附着任何道德意義的任意的分界線。尤其是，我們不應該再把正義視為主要在城市或國籍範圍之內去追尋的某種事物；我們應該平等地重視每個人的主張，無論其種族、信仰或國籍為何。所以，就算政治權威仍然停留在特定的民族國家，我們也應該用它來提升全球正義，不再給我們恰好所屬的政治共同體內的那些人以任何優先權。

　　這種類型的世界主義者通常並不否認上面所說的共有認同與願意接受正當對待他人之責任之間的關係。他們也許會同意，人們的正義感經常受到自己的歸屬感和對政治共同體內外人群之區分的有力塑造。但他們把它視為一個有待克服的問題，而不是永久存在的限制。這裏涉及一些深層問題，如人類能夠遵循純粹理性原則行事的程度，或在另一方面也涉及理性

是否必須與情感、情緒和關於我們是誰的意識相結合，以便激發行動。不過我不打算糾纏於這些問題，而是想提示出至少對一種激烈的倫理世界主義表示懷疑的幾個理由，然後提出理解全球正義的一種替代方式。

理由之一假定，我們將繼續生活在一個文化分隔的社會當中——換句話說，我在前面提到的「麥當勞世界」方案不會變成現實。文化影響着我們理解正義的方式，或許不是在最基本的層面上，而在一種可以被恰當地視為來自正義的要求方面則確定無疑。宗教提供了一些明顯的例子。假設某人聲稱自己出於宗教信仰而有着特殊的需要，或者他應該遵循的宗教實踐使他的機會受到了限制。我們應該怎樣對待他的主張呢？如果我們站在他所屬的宗教傳統之內並且接受他對這種傳統的闡釋，就應該把他的主張視為有效的正義要求。但是如果從外部來看，我們肯定會有不同的觀點。我們也許會對這些主張給予某種重視，但也可能會問能否改變傳統，使其對信徒來說不再那麼繁難。

類似的視角差異也可能出現在國際層面。假設我屬一個世俗趣味主導的社會，信奉要求我無視民族界限的世界主義的正義原則。另一個社會在物質上比我所在的社會貧窮得多，但這主要是因為它的成員將大部分財富捐獻給一個神職機構，認為他們除此之外別無選擇——這是上帝的命令。這個社會中的個人對

我的財富有多大的索取權呢？我是應該把他的相對貧窮視為他出於宗教原因所作的選擇，因而對我沒有什麼特別的索取權；還是應該把宗教開支視為外在的強制，進而認為他比我自己社會中的人有更緊迫的需要呢？一般的看法是，如果文化差異對我們理解正義的方式產生了影響，那麼在跨越一個文化多元的世界時正義要求的是什麼就變得不確定了。

第二個理由關係到正義與互惠之間的聯繫。這個基本概念不難說明：我公正地對待他人，因為預料到他人也會公正地對待我作為回報。這並不意味着我所做的和他們所做的完全一樣，我們的境況也許是不同的。但是譬如說，如果我幫助了某個目前需要幫助的人——設想我遇到一個錯過了回家的末班巴士而在夜間束手無策的人——我這樣做是因為我假設要是自己處在那個位置，她或者其他人也會對我做同樣的事。在政治共同體內，這種互惠觀念經由法律體系和其他政府形式獲得了具體的形態。當我服從交通規則或者繳納稅款時，我假設自己的同胞也會服從，無論是出於自願還是為了免於法律制裁。沒有這種設定，公正行事就會把你暴露在被那些少有顧忌的人所利用的境況之下。

如果把這種想法用於世界主義正義，問題是顯而易見的。假設我知道正義要求我為屬一個遠方社區的人做些什麼，有什麼理由能讓我期待他會有所回報

呢？我怎麼知道自己公正行事的願望不會被利用呢？這當然不會阻止我按照正義的要求行事，但確實使之成為一個成本更高的選擇。這一問題可能的解決之道在於出現一種全球準則，據此世界各地的人們都承認某些特定情形是正義需要實現的場合。這在大規模自然災難的例子中得到了很有限的預示，在那裏組織國際救援措施為受害者提供幫助已成公認準則。所以我們有可能慢慢過渡到這樣一個世界，在那裏特定形式的正義行為將會得到回報。但在這種情況發生之前，打算按照世界主義正義原則行事的人——在這些原則沒有考慮民族界限或其他形式的成員資格的意義上——其行為就是英雄主義的，超出了道德要求的範圍。

這並不意味着不存在超越民族國家界限之上的正義。確有這樣一種叫做全球正義的東西，它是世界政治中越來越重要的一種因素，但我們不應該像世界主義者那樣，把它簡單地理解為超出那些界限、囊括各地人們的社會正義。我想用對這種非世界主義替代表述的簡短概述來結束這一章和這本書。它有三個主要的元素。

首先，有一系列條件界定了民族國家之間交往的正當規則。其中有一些已經通過國際法手冊而為人熟知。國家必須遵守它們締結的條約和達成的其他協議；必須相互尊重領土完整；除自衛之外不得對其他國家使用武力；等等。但還有另一些人們不那麼熟悉

的要求，只是最近才在指導國際關係中扮演了部分角色。這些要求與國際合作的成本和收益的分配方式有關。譬如說，大量環境問題的解決要求民族國家對其公民的行為進行約束。溫室氣體排放的限額是一例；捕殺瀕危魚類的限額又是一例。問題在於決定這些成本應該如何分攤，而正義的原則有助於解決這個問題（不幸的是答案常常是不太明確的──不同的原則可以被合情合理地召來使用──這就難免為權力政治的侵入留下空間）。

還有一些與國際貿易規則有關的重要問題。現在富裕、強大的國家能夠以這樣的方式來設立這些規則，即讓自己的產品可以自由出口到欠發達國家，同時為保護本國的農民而設置障礙，使那些國家的生產者難以出口糧食。支持與反對國際市場完全自由的主張同時存在，但正義所要求的是，無論對貿易施加什麼樣的限制，都應該讓貧窮國家的人們得到與富裕國家同樣的經濟機會。

其次，全球正義要求尊重和保護各國民眾的人權，如果必要的話，包括對侵犯這些權利的國家的當權者發起挑戰。我在第四章較詳細地探討了人權的概念，認為我們需要在基本人權與出現在許多人權文獻中的較長的權利清單之間劃清界限，前者是獲得所有人過上最低限度的體面生活所需要的那些條件的權利，後者則最好理解為特定的政治共同體應該保證其

公民享有的權利。這種區分在這裏頗為重要，因為從全球正義的視角來看，只有對基本權利的保護才是重要的。我們不能僅僅因為其他國家不承認我們認為重要的權利，比如普選權或不受限制的宗教自由，就對它們進行干涉(我們可以向這樣的國家提供各種類型的誘導——例如歐盟等國家組織的成員資格——以鼓勵它們實現較長清單上的權利，卻不應該試圖強制它們)。

為什麼人權能把正義的責任強加於我們，不管什麼民族界限或其他文化界限呢？一方面，它們標識出了人類存在的真正普遍的特性，這些特性超越了文化的差異性。你和我可以在宗教信仰和實踐是否重要的問題上合情合理地不一致，卻不能在一個遭受折磨或任其餓死的人是否受到了傷害的問題上合情合理地不一致。因此，我在前面提出的社會正義觀念為何不具有文化普適性的主張，在這裏是不適用的。另一方面，人權具有很高的道德價值。它們對應於能夠加諸一個人的最嚴重的傷害。所以它們優先於我們對公平和互惠的關注。這種區別是我們本能所認可的。如果一個需要並不迫切的人請求我的幫助，比如說讓我把他帶到車站，這時我可能會考慮他是否在利用我的善良，或者他是否願意在其他場合同樣對待我。但如果他在一場事故中嚴重受傷，唯一重要的就是我能夠伸出援手了。保護人權與後一種情形相吻合。如果它們

得不到保護，人們就會受苦或者死亡。所以任何能夠提供幫助的人都必須這麼做，這是正義之舉。

全球正義的第三個要求是任何地方的人們都應該有政治自治的機會；一切政治共同體都應該享有自決的權利。這不是說每個民族都得成立自己獨立的國家。某些情形下，人們的聚居地在地理上如此混雜，因而無法運用這種簡單的自決法則。儘管如此，仍有某些形式的自決可以適用於這樣的情形，譬如北愛爾蘭新教徒與天主教徒分享權力的協議，在本書撰寫過程中正斷斷續續地推進着。有什麼可以阻撓對自治的追求呢？要麼是相鄰國家的政治野心，試圖將一種帝國統治的形式強加於相關共同體；要麼是一種極不穩定的經濟地位，使該共同體沒有真正的選擇可作。在以上任一種情形下，其他的民族都有責任聯合行動，創造出使其自治成為可能的條件。這為什麼是一個關乎正義的問題呢？我在反駁政治世界主義時強調，對許多群體來說允許他們在政治上表達自己的文化傳統有多麼重要，而這只有在其享有政治自決的條件下才能實現。甚至自由主義社會也賦予民族自決以很高的價值，只能極不情願地放棄自己的統治權。這表明了人們存在着掌控自身命運的強烈需要，即使他們並不是民主政府中的積極參與者。如果這些觀察是正確的，那麼放棄自決機會就是一個嚴重的損失，這會把正義的責任強加給他人。

如果全球正義沿這些方向得以實現，世界看起來將會是這樣：政治權威將主要取決於民族國家，但它們會相互合作以確保國際協作的成本和收益得到公平分配。每個政治共同體都根據自己的政治傳統進行自我管理，社會正義的方案同樣在各處稍有區別。但任何地方的人權都會得到尊重，在人權受到威脅時，無論是來自乾旱之類的自然災害還是壓迫性的政權，其他國家都會聯合行動擊退威脅。某些國家會比另一些國家更富裕：這並不是不公正，只要它來自於政治選擇和文化選擇而不是經濟剝削。某些國家也會比另一些國家更民主，但即使那些未對其統治者實施直接控制的民族也會認同自己的政府，並感到它代表了自己的利益和價值。

　　這樣一個世界與我們自己的世界大不相同。它就是約翰·羅爾斯在其著作《萬民法》（*The Law of Peoples*）中所稱的「現實主義烏托邦」——一種政治可能性的界限盡可能延伸的道德圖景，同時又不至於變成純粹的空中樓閣。我們有可能到達那裏嗎？當前許多國際前景的觀察家預見了一種市場必勝的信念，這種信念認為全球化經濟力量阻止了任何民族國家作出真正的政治選擇。如果唯一的選擇就是採納能確保最大限度的經濟競爭的政策，那麼自決就變得沒有意義了。但是，如我在第一章所說，這種形式的宿命論看起來並不比我們認為已經過時了的早期形式更站得住腳。無

圖18 普遍人權：演員朱莉‧克里斯蒂和賽‧格蘭特在紀念聯合國人權日
© Hulton Archive

論如何，如果我們真的沒有政治選擇可作，那麼政治哲學，無論聚焦於國家的還是國際的，就變得毫無價值了，它們不過是大難臨頭時的胡言亂語。我在本書中所說的一切都假定，好政府與壞政府之間的選擇總是我們不得不作的一種選擇，即使好政府的形式隨着技術進步和社會變得更大、更複雜而發生了變化。

從一個十萬人城邦中那幅關於好政府的壁畫算起，我們已經走了很長的路程。對我們來說，描述使人們得以在相對的和平與安全之下耕作、從商、狩獵、訓練、跳舞的那些條件，或者另一方面描述暴政和壓迫如何帶來毀壞和屠殺，要比洛倫澤蒂更加困難。我們的政治是以更大的規模並在許多不同的層次上運行的。在原因與結果之間建立聯繫從而確定政治成功或失敗的責任，則更加困難。然而，正如與14世紀錫耶納的關聯一樣，洛倫澤蒂的畫中仍有一些要素與我們今天也是有關的：合法政治權威與暴政之間的差別；政府與公民之間的關係；正義的性質。這些問題仍然居於政治哲學的核心。恰恰是在我們感到人類的未來正在滑出我們控制之外的那些時刻，才需要持續而努力地思考這些問題，然後共同決定應該做些什麼。

推薦閱讀書目

General reading

For readers who want to explore the topics covered in this book in greater depth, several textbooks on political philosophy can be recommended:

Jonathan Wolff, *An Introduction to Political Philosophy* (Oxford University Press, 1996)

Adam Swift, *Political Philosophy: A Beginners' Guide for Students and Politicians* (Polity Press, 2001).

Will Kymlicka, *Contemporary Political Philosophy*, 2nd edn. (Oxford University Press, 2002).

Dudley Knowles, *Political Philosophy* (Routledge, 2001).

Gerald Gaus, *Political Concepts and Political Theories* (Westview Press, 2000).

Robert Goodin and Philip Pettit, *A Companion to Contemporary Political Philosophy* (Blackwell, 1993).

The history of political philosophy poses greater problems. Perhaps because of the huge weight of historical scholarship that has accumulated, academics today are deterred from writing single-author overviews of the subject. Two introductory multi-author books are David Muschamp (ed.), *Political Thinkers* (Macmillan, 1986) and Brian Redhead (ed.), *Political Thought from Plato to Nato* (Penguin, 1995); these treat individual political philosophers in historical sequence. Two studies which use historical figures to illustrate general themes in political philosophy are Jonathan Wolff's book referred to above and John Morrow, *History of Political Thought* (Macmillan 1998). For an in-depth treatment of political thought from Hobbes onwards, see Iain Hampsher-Monk, *A History of Modern Political Thought* (Blackwell, 1992). For short accounts of both major and minor figures in the history of political thought, see my *Blackwell Encyclopaedia of Political Thought*, co-edited with Janet Coleman, William Connolly, and Alan Ryan (Blackwell, 1987).

Chapter 1

Lorenzetti's frescos are reproduced and discussed in Randolph Starn, *Ambrogio Lorenzetti: The Palazzo Pubblico, Siena* (Braziller, 1994). They can also be viewed on the internet at http://www.kfki.hu/arthp/ html/l/lorenzet/ambrogio/governme/index.html. In interpreting the frescos, I have been much helped by Quentin Skinner's essays on Lorenzetti, which are reproduced in his *Visions of Politics*, ii (Cambridge University Press, 2002).

Marx's theory that politics is largely determined by a society's form of material production can be found in *The Communist Manifesto* and the preface to *A Critique of Political Economy*, both of which are reproduced in standard selections from Marx such as *Karl Marx: Selected Writings*, ed. D. McLellan (Oxford University Press, 1977). The 'end of history' thesis was popularized in Francis Fukuyama, *The End of History and the Last Man* (Hamish Hamilton, 1992).

For Hobbes and Plato, see respectively Thomas Hobbes, *Leviathan*, ed. R. Tuck (Cambridge University Press, 1991) and Plato, *The Republic*, available in many translations including that of H. D. P. Lee (Penguin, 1955) – the simile of the cave can be found in book 7.

For the contrast between ancient and modern forms of democracy, see Sanford Lakoff, *Democracy: History, Theory, Practice* (Westview Press, 1996).

Chapter 2

The most accessible discussion of political authority that I know of is April Carter, *Authority and Democracy* (Routledge & Kegan Paul, 1979). More advanced is Leslie Green, *The Authority of the State* (Clarendon Press, 1998).

Hobbes's description of life without political authority is in his *Leviathan*, ed. Richard Tuck (Cambridge University Press, 1991), ch. 13; the passage cited occurs on p. 89. A good introduction to his thought is Richard Tuck, *Hobbes* (Oxford University Press, 1989).

I have discussed anarchism at greater length in *Anarchism* (Dent, 1984). The best known communitarian anarchist was the Russian Prince Peter Kropotkin – see for instance his *The Conquest of Bread and Other Writings*, ed. M. Shatz (Cambridge University Press, 1995). The most important work of libertarian political philosophy is Robert Nozick, *Anarchy, State and Utopia* (Blackwell, 1974), though note that Nozick ends up by defending the minimal state rather than anarchy. For a good discussion see Jonathan Wolff, *Robert Nozick* (Polity Press, 1991).

On public goods, and the question whether political authority is needed to provide them, see David Schmidtz, *The Limits of Government* (Westview Press, 1991).

The problem of political obligation is discussed by John Horton in *Political Obligation* (Macmillan, 1992). The most persuasive case for the fair-play argument is to be found in G. Klosko, *The Principle of Fairness and Political Obligation* (Rowman & Littlefield, 1992); it is criticized, along with the consent argument, in A. John Simmons, *Moral Principles and Political Obligations* (Princeton University Press, 1979).

The grounds for civil disobedience are discussed in Peter Singer, *Democracy and Disobedience* (Oxford University Press, 1973).

Chapter 3

John Locke's critique of Hobbes can be found in his *Two Treatises of Government*, ed. P. Laslett (Cambridge University Press, 1988). The quotation is from the *Second Treatise*, ch. 7, p. 328.

The Schumpeter quotation comes from Joseph Schumpeter, *Capitalism, Socialism and Democracy*, ed. T. Bottomore (Allen & Unwin, 1976), p. 262.

The Rousseau quotation comes from Jean-Jacques Rousseau, *The Social Contract*, ed. C. Frankel (Hafner, 1947), p. 85.

On democracy in general, see Ross Harrison, *Democracy* (Routledge, 1993) and Albert Weale, *Democracy* (Macmillan, 1999). For the pluralist approach, see Robert Dahl, *Democracy and its Critics* (Yale University Press, 1989). For a defence of popular participation in politics, see Benjamin Barber, *Strong Democracy* (University of California Press, 1984) and John Burnheim, *Is Democracy Possible?* (Polity Press, 1985).

For evidence about how ordinary citizens might perform if asked to make political decisions, see Anna Coote and Jo Lenaghan, *Citizens' Juries* (IPPR, 1997) and James Fishkin, *The Voice of the People* (Yale University Press, 1995).

On the role of constitutions, see Geoffrey Marshall, *Constitutional Theory* (Clarendon Press, 1971).

Chapter 4

John Stuart Mill's *On Liberty* is included in *Utilitarianism; On Liberty; Considerations on Representative Government*, ed. A. D. Lindsay (Dent, 1964). The quotations in this chapter are from pp. 125 and 138.

I have collected together what I regard as the best essays on the concept of liberty, including Isaiah Berlin's, in *Liberty* (Oxford University Press, 1991). Other good treatments are Tim Gray, *Freedom* (Macmillan, 1991) and Adam Swift, *Political Philosophy* (Polity Press, 2001), part 2.

Mill's principle of liberty has been much discussed. Recommended books include C. L. Ten, *Mill on Liberty* (Clarendon Press, 1980) and Joel Feinberg, *Harm to Others* (Oxford University Press, 1984).

For discussion of the issues of free speech raised by the controversy surrounding Salman Rushdie's *The Satanic Verses*, see Bhikhu Parekh (ed.), *Free Speech* (Commission for Racial Equality, 1990) and Bhikhu Parekh, *Rethinking Multiculturalism* (Macmillan, 2000), ch. 10.

The development of the idea of natural rights is traced in Richard Tuck, *Natural Rights Theories: Their Origins and Development* (Cambridge University Press, 1979). For analysis of the more recent idea of human rights, see James Nickel, *Making Sense of Human Rights* (University of California Press, 1987) and Henry Shue, *Basic Rights* (Princeton University Press, 1996).

Chapter 5

St Augustine's remark about justice comes from *The City of God against the Pagans*, ed. R. W. Dyson (Cambridge University Press, 1998), p. 139.

I have analysed the idea of justice at greater length in *Principles of Social Justice* (Harvard University Press, 1999) – this focuses on the principles of equality, desert, and need. A good discussion of different theories of justice can be found in Tom Campbell, *Justice*, 2nd edn. (Macmillan, 2001), as well as in the general textbooks by Kymlicka and Swift listed above. For the idea that different principles of justice apply in different contexts, see especially Michael Walzer, *Spheres of Justice: A Defence of Pluralism and Equality* (Basic Books, 1983).

A good selection of recent writing by political philosophers on equality is Matthew Clayton and Andrew Williams (eds.), *The Ideal of Equality* (Macmillan, 2000).

Hayek's critique of social justice can be found in Friedrich Hayek,

Law, Legislation and Liberty, vol. ii. *The Mirage of Social Justice* (Routledge & Kegan Paul, 1976).

Evidence about communities and societies that have tried to dispense with material incentives is presented in Charles Erasmus, *In Search of the Common Good: Utopian Experiments Past and Future* (Free Press, 1977).

John Rawls's masterwork is *A Theory of Justice*, first published in 1971 (revised edn., Harvard University Press, 1999), but a shorter and more accessible version of his theory can be found in *Justice as Fairness: A Restatement*, ed. E Kelly (Harvard University Press, 2001).

For an accessible introduction to the idea of market socialism, see Julian Le Grand and Saul Estrin (eds.), *Market Socialism* (Clarendon Press, 1989).

Chapter 6

Both feminism and multiculturalism are discussed at length in Will Kymlicka, *Contemporary Political Philosophy*, 2nd edn. (Oxford University Press, 2002). There are many anthologies of feminist political thought, including Alison Jaggar and Iris Marion Young (eds.), *A Companion to Feminist Philosophy* (Blackwell, 1998) and Anne Phillips (ed.), *Feminism and Politics* (Oxford University Press, 1998). On multiculturalism, see Will Kymlicka, *Multicultural Citizenship* (Clarendon Press, 1995), Bhikhu Parekh, *Rethinking Multiculturalism* (Macmillan, 2000), and for a critique, Brian Barry, *Culture and Equality* (Polity Press, 2001).

For the claim that in debates about political power and authority, the power of men over women has remained unacknowledged, see especially Carole Pateman, *The Sexual Contract* (Polity Press, 1988). For analysis of how political philosophers have regarded women in the past, see Susan Okin, *Women in Western Political Thought* (Virago, 1980).

The quotation from John Stuart Mill comes from The Subjection of Women in John Stuart Mill and Harriet Taylor, *Essays on Sex Equality*, ed. A Rossi (University of Chicago Press, 1970), p. 148. The question whether there are essential differences between men's and women's nature is discussed in Deborah Rhode (ed.), *Theoretical Perspectives on Sexual Difference* (Yale University Press, 1990).

The feminist case against pornography is powerfully stated in Catherine MacKinnon, *Only Words* (Harper Collins, 1994).

For discussion about why and how women and cultural minorities should be included in democratic politics, see Anne Phillips, *The Politics of Presence* (Clarendon Press, 1995) and Iris Marion Young, *Inclusion and Democracy* (Oxford University Press, 2000).

On justice within the family, see especially Susan Moller Okin, *Justice, Gender and the Family* (Basic Books, 1989).

For those wanting to investigate the philosophical issues posed by affirmative action policies, a good place to start is Stephen Cahn, *The Affirmative Action Debate*, 2nd edn. (Routledge, 2002). See also Ronald Dworkin's essays collected in *A Matter of Principle* (Clarendon Press, 1986), part v.

Chapter 7

Benedict Anderson's influential idea of nations as imagined communities is developed in *Imagined Communities: Reflections on the Origins and Spread of Nationalism*, revised edn. (Verso, 1991). For contrasting interpretations of nationalism as a sociological phenomenon, see Ernest Gellner, *Nations and Nationalism* (Blackwell, 1983) and Anthony Smith, *National Identity* (Penguin, 1991).

My claim that national identity supports democracy and social justice is spelt out at greater length in *On Nationality* (Clarendon Press, 1995). For the argument that nationalism need not be detrimental to liberal values, see Yael Tamir, *Liberal Nationalism* (Princeton University Press, 1993).

Cosmopolitan political ideas are defended by David Held in *Democracy and the Global Order* (Polity, 1995). Cosmopolitan principles of justice are advocated in Charles Beitz, *Political Theory and International Relations* (new edn., Princeton University Press, 1999), Thomas Pogge, *Realizing Rawls* (Cornell University Press, 1989), and Charles Jones, *Global Justice: Defending Cosmopolitanism* (Oxford University Press, 1999).

Michael Walzer defends the view that 'thicker' principles of justice apply within national communities than across the world as a whole in Thick and Thin: *Moral Argument at Home and Abroad* (University of Notre Dame Press, 1994).

Immanuel Kant's essay 'Perpetual Peace' is included in *Kant's Political Writings*, ed. H. Reiss (Cambridge University Press, 1971). The quoted sentence in on p. 114.

For John Rawls's vision of a just world order as a 'realistic utopia' see *The Law of Peoples* (Harvard University Press, 1999).

重要詞語對照表

A

abortion, 墮胎
absolutism, 專制政體、絕對政體
abstract idea, 抽象觀念
accountability, 責任
active citizenship, 積極公民權
addiction, 癮癖
affirmative action, 反歧視行為
alcoholism, 酗酒
Alexander the Great, 亞歷山大大帝
anarchism, 無政府主義
Anderson, Benedict, 本尼迪克特 ·
　安德森
antisocial behaviour, 反社會行為
arbitration services, 仲裁服務
aristocracy, 貴族、貴族制
Aristotle, 亞里士多德
army, 軍隊
Athenian democracy, 雅典式民主
Athens, 雅典
Augustine, St, 聖奧古斯丁
autonomy, 自治

B

Belgium, 比利時
benefits, state, 國家福利
Berlin, Isaiah, 以賽亞 · 伯林
Biblical authority, 《聖經》的權威
blasphemy laws, 關於瀆神的法律

C

Canada, 加拿大
cannabis legalization, 大麻種植合法
　化
capitalism, 資本主義
Carlyle, Thomas, 托馬斯 · 卡萊爾
Catherine the Great, 葉卡捷琳娜女皇
Catholicism, 天主教
cave allegory (Plato), 洞穴寓言 (柏拉
　圖)
centrally planned economics, 中央計劃
　經濟
charity, 慈善
Charles I, King, 查理一世
chauvinism, 沙文主義
China, 中國
choice, 選擇
　　and consent, 與同意
　　freedom of, 的自由
　　and personal freedom, 與個人自
　　由
citizen's juries, 公民陪審團
citizenship, 公民身份、公民權,
　　active, 積極的
　　moral principles and, 道德原則
　　與
　　needs, 需求
　　political apathy, 政治冷漠
　　and political decisions, 與政治決
　　定

preferences of, 的偏好
private sphere, 私人領域
rights of, 的權利
world, 世界的
city-states, 城邦
civil disobedience, 公民不服從
civil service, 文官系統
civil war, 內戰
Communist Manifesto, The, 《共產黨宣言》
Communitarianism, 社群主義
compensation, 補償
compulsive disorders, 強迫性混亂
computer technology, 計算機技術
consent, 同意
constitutional rights, 憲法權利
contraception, 避孕
contracts, 契約
cooperation, intercommunal, 社群合作
corruption, 腐敗
cosmopolitanism, 世界主義
countryside, 鄉村
criminal justice, 刑事審判
Cromwell, Oliver, 奧利弗 · 克倫威爾
Cuba, 古巴, 86
cultural minorities, 文化少數派
see minority groups, 見少數群體
culture, 文化
global, 全球的
national, 民族的

D
death penalty, 死刑
democracy, 民主
city-states, 城邦

and civil disobedience, 與公民不服從,
feminism, 女性主義
and human rights, 與人權
majority/minority, 多數 / 少數
multiculturalism, 文化多元主義
political judgement, 政治判斷
and shared identity, 與共有的認同
desert, 應得、賞罰
see also social justice, 也見社會正義
determinism, 決定論
developing nations, 發展中國家
Diderot, Denis, 丹尼斯 · 狄德羅
difference principle, 差別原則
discrimination, 歧視
discussion, 討論
citizen's juries, 公民陪審團
on individual freedom, 關於個人自由的
majority/minority, 多數/少數
distributive justice, 分配正義
divine right of kings, 神授王權
domestic justice, 家庭正義
dress codes, 着裝規範

E
East Germany, 東德
economic growth，經濟增長
economic systems, 經濟體制
education, 教育
elected representatives, 當選代表
see politicians, 見政治家
elections, 選舉
campaign spending limits, 限制競選費用

democratic self-restraint, 民主的自我克制

elective aristocracy, 選舉的貴族制

electronic surveillance, 電子監控

'end of history' thesis, 「歷史終結」論

Engels, Friedrich, 弗里德里希‧恩格斯

English Civil War, 英國內戰

environmental, 環境的
 international cooperation, 國際合作
 organizations, 組織
 protection, 保護

equality, 平等
 justice and, 正義與
 of opportunity, 機會平等
 political rights, 政治權利

ethnic minorities, 少數族群
 positive discrimination and, 積極歧視與

European Union, 歐盟

exclusion, 排除在外

expert opinion, 專家意見

F

fairness, 公平

family life, 家庭生活

fatalism, 宿命論

federalism, 聯邦制
 extent of options, 可選擇的範圍

feminist challenge to, 女性主義者的挑戰
 governments and, 政府與
 human rights and, 人權與
 limits to, 對自由的限制

of movement, 遷徙自由

multicultural challenge to, 文化多元主義的挑戰

of thought, 思想自由

French Revolution, 法國大革命

full employment, 充分就業

G

gender differences, 性別差異

gene ownership, 基因所有權

Germany, 德國

global culture, 全球文化

global justice, 全球正義

globalization, 全球化

government, 政府
 good, 好政府
 feminism, 女性主義
 democracy and, 民主與
 freedom of choice, 選擇自由
 and justice, 與正義
 limits of freedom, 自由的限度
 political authority, 政治權威
 fish quotas, 捕魚限額
 fox-hunting debate, 獵狐之爭
 freedom, 自由
 of expression, 表達自由
 and human rights, 與人權limited, 有限政府
 and personal freedom, 與個人自由
 social distribution, 社會分配
 social justice, 社會正義
 world, 世界政府

greenhouse gas emissions, 溫室氣體排放

H

harmful behaviour, 有害行為

hate speech, 仇恨言論

Hayek, Friedrich, 哈耶克

Healey, Denis, 丹尼斯・希利

health insurance, 健康保險

healthcare, 衛生保健

Hobbes, Thomas, 托馬斯・霍布斯

    absolute monarchy, 絕對君主制

    obedience to political authority, 服從政治權威

    power struggles, 權力鬥爭

    restrictions to personal freedom 束縛個人自由

    state of nature, 自然狀態

homosexuality, 同性戀

human rights, 人權

I

idiotes, 白癡

'imagined communities', 「想像的共同體」

immigration, 移民

incentives, 激勵

income inequality, 收入不平等

individualism, 個人主義

inequality, 不平等

    ethnic minorities, 少數族群

    gender, 性別

    income, 收入

    and justice, 與正義

    women, 女性

Inge, Dean, 英奇司祭長

inheritance, 繼承

international law, 國際法

internet access, 互聯網接入

intervention, 干預

Islamic societies, 伊斯蘭社會

J

judgement, political, 政治判斷

justice, 正義

    contextualism of, 背景決定論

    cultural differences, 文化差異

    desert, 應得、賞罰

    equality, 平等

    feminism and multiculturalism, 女性主義與文化多元主義

    global, 全球正義

    Justinian's formula for, 查士丁尼的正義公式

    reciprocity, 互惠

    see also social justice, 也見社會正義

Justinian, Emperor, 查士丁尼大帝

K

Kant, Immanuel, 伊曼紐爾・康德

kibbutzim, 集體農場

knowledge, 知識

L

law, 法律

    obedience of the, 服從

    and political obligation, 與政治義務

    restrictions to personal freedom, 束縛個人自由

legal system, 法律體系

Leviathan (Hobbes), 《利維坦》（霍布斯）

liberalism, 自由主義

limited government, 有限政府

literacy, 有文化

living standards, 生活水平

lobby groups, 遊說集團

Locke, John, 約翰‧洛克

Lorenzetti, Ambrogio, 安布羅焦‧洛倫澤蒂

M

Machiavelli, Niccolo, 尼科洛‧馬基雅維利

majority/minority, 多數/少數

market anarchists, 市場無政府主義者

market economy, 市場經濟

marriage, 婚姻

Marx, Karl, 卡爾‧馬克思

Marxism, 馬克思主義

mass communication, 大眾傳播

media, 媒介

Medicis, 美第奇

mercenaries, 僱傭軍

Mill, John Stuart, 約翰‧斯圖亞特‧密爾

    gender differences, 性別差異

    on individual freedom, 論個人自由

minority groups, 少數群體

minority/majority, 少數/多數

monarchy, 君主制

moral incentives, 道德激勵

moral principles, 道德原則

mortality, 死亡率

motivation, 動機

multiculturalism, 文化多元主義

mutual respect, 相互尊重

N

nation-states, 民族國家

national identity, 民族認同

natural rights, 自然權利

Nazism, 納粹主義,

need, 需求,

negative liberty, 消極自由

neighbourliness, 鄰里關係

Northern Ireland, 北愛爾蘭

O

offensive behaviour, 冒犯行為

options, 選擇項

P

Pankhurst, Emmeline, 埃米琳‧潘克赫斯特

penal system, 刑法體系

perceived similarity, 被感知的相似性

'perpetual peace' (Kant), 「永久的和平」(康德)

personal choice, 個人選擇

personal protection, 個人保護

pessimism, 悲觀主義

Plato, 柏拉圖

pluralism, 多元主義

police, 警察

political authority, 政治權威

    absolute monarchy as, 絕對君主制,

    alternatives to, 替代品

    civil disobedience, 公民不服從

    feminist challenge to, 女性主義者的挑戰

problem of political obligation, 政治義
務問題

political correctness, 政治正確

political judgement, 政治判斷

political liberties, 政治自由

political obligation problem, 政治義務
問題

politicians, 政治家

    goals, 目標

    political judgement of, 的政治判
斷

    Rousseau's view of, 盧梭的觀點

    socially unrepresentative, 不具社
會代表性的

pornography, 色情文學

positive discrimination 積極歧視

positive liberty, 積極自由

power, 權力

priests, 牧師

private sphere, 私人領域

privatization of culture, 文化的私有化

production, 生產

productivity, 生產率

promises, 承諾

property, 財產

    mutual right of, 的相互權利

    ownership, 所有權

    states protection of, 國家保護

    theft, 盜竊

proportional representation, 比例代表

proportionality, 成比例

protective agencies, 保護代理公司

Protestantism, 新教

public broadcasting, 公共廣

public goods, 公共物品

punishment, 懲罰

R

random methods of justice, 正義的隨
機方式

Rawls, John, 約翰‧羅爾斯

reciprocal justice, 互惠的正義

reciprocity, 互惠

redistribution of wealth, 財富的再分
配

referenda, 投票

Reformation, 宗教改革

relevant justice, 適當的正義

religion, 宗教

    cosmopolitanism and, 世界主義與

    and personal freedom, 與個人自由

    and politics, 與政治

religious freedom, 宗教自由

religious groups, 宗教群體

and social justice, 與社會正義

reproductive rights, 生育權

Republic (Plato), 《理想國》(柏拉圖)

republicanism, 共和主義

resource distribution, 資源分配

restitution, 歸還

revolutions, 革命

right to bear arms, 持有武器的權利

Romanticism, 浪漫主義

Rousseau, Jean-Jacques, 讓–雅克‧盧
梭

Rushdie, Salman, 薩曼‧拉什迪

Russia, 俄國

S

Satanic Verses, The (Rushdie), 撒旦的
詩篇(拉什迪)

Schumpeter, Joseph, 熊彼特

self-determination, 自決

self-regarding behaviour, 涉己行為

Siena, 錫耶納

slaves, 奴隸

social contract, 社會契約

Social Contract, The (Rousseau),《社會契約論》(盧梭)

social distribution, 社會分配

social diversity, 社會多樣性

social justice, 社會正義
 feminist and multiculturalist challenges to, 女性主義者和文化多元主義者發起的挑戰
 Rawls's theory of, 羅爾斯的理論
 shared identity and, 共有的認同與

social sciences, 社會科學

socialist societies, 社會主義社會

Soviet Union, 蘇聯

special rights, 特殊權利

Stalin, Joseph, 約瑟夫‧斯大林

state, 國家
 globalization and, 全球化與
 imposition of political authority, 政治權威的強加
 modern, 現代的
 national identity and, 民族認同與
 protection of property, 財產的保護

state of nature, 自然狀態

Stoicism, 斯多葛學派

substantive fairness, 實質公正

suffragettes, 女性參政權論者

Switzerland, 瑞士

T

taxation, 稅收
 difference principle, 差別原則

fairness, 公正
 political authority and, 政治權威與
 political judgement and, 政治判斷與
 political obligation problem, 政治義務問題

terrorism, 恐怖主義

theft, 盜竊

totalitarianism, 極權主義

tribal societies, 部落社會

trust, 信任
 cooperation and, 合作與
 mutual respect, 相互尊重
 and perceived similarity, 與被感知的相似性

truth, 真理

tyranny, 暴政

U

United Nations, 聯合國

United States, 美國

Universal Declaration of Human Rights (1948),《世界人權宣言》

universal suffrage, 普選權

universal truth, 普遍真理

V

village elders, 村莊長者

W

warfare, 戰爭

wealth, 財富

welfare state, 福利國家

women see feminism, 女性見女性主義

world government, 世界政府